図解 地方公会計対応

自治体職員のための
複式簿記入門

菅原正明公認会計士・税理士事務所 編著

ぎょうせい

はじめに

　2015年1月、総務省から『統一的な基準による地方公会計マニュアル』が公表され、2017年度までに統一的な基準に基づく財務書類を作成することが求められている。そして、統一的な基準に基づく財務書類を作成するには、複式簿記の知識が必要不可欠である。
　この本は、自治体職員向けに、複式簿記を初歩のイロハから解説するとともに、簡単な仕訳を自ら作成できるようになることを目的としている。
　しかしそれだけではなく、複式簿記の知識を持っていると、色々な場面で幅広く役に立つものである。
　皆さんは仕事上、業務委託先の企業の決算書や、出資先の第三セクターの決算書を見たり分析したりする機会があるかもしれない。
　あるいは今後、公営企業を担当する部署に異動して公営企業会計の予算書・決算書を作成する機会があるかもしれない。
　そんなときに複式簿記を知っていれば、とても役に立つものである。
　また、仕事を離れても複式簿記の知識は役に立つ。
　皆さんが普段、買い物などで利用しているお店や企業も、みんな複式簿記を利用している。複式簿記の知識を持っていると、皆さんが普段関係しているお店や企業のことをもっと深く知ることができるようになる。
　そう。複式簿記は、生活の色々な場面で役に立つのである。
　この本をきっかけに、知れば知るほど奥が深い複式簿記の世界に、少しでも多くの人が関心を持っていただければ幸いである。

＊「自治体」は法令上の用語ではないが、できるだけわかりやすい本にしたいという思いから、本書では法令上の「地方公共団体」ではなく、この用語を使用している。

2017年2月

菅原正明公認会計士・税理士事務所

所長　菅原　正明

目 次

はじめに

第1章　基本のコトバとルールを知ろう！

Ⅰ　簿記の基本 ………………………………………………… 2
　1．複式簿記とは ………………………………………… 3
　2．なぜ複式簿記が必要なのか ………………………… 4
　　プラスα　複式簿記って誰が考えたの？ ……………… 5
　3．複式簿記が扱う取引 ………………………………… 6
　4．仕訳とは ……………………………………………… 8
　　プラスα　「借方」「貸方」ってどんな意味？ ………… 13
　5．貸借対照表 …………………………………………… 14
　　プラスα　資産は多い方が良い？ ……………………… 17
　6．損益計算書 …………………………………………… 18
　7．資産と費用の違い …………………………………… 20
　8．財務諸表の相互関係 ………………………………… 22

Ⅱ　決算の基本 ………………………………………………… 29
　1．決算整理とは ………………………………………… 29
　　プラスα　帳簿価額＝財産価値？ ……………………… 34
　　プラスα　「収入・支出」と「収益・費用」は何が違う？ ……… 36
　2．貸借対照表、損益計算書以外の財務諸表 ………… 37

Ⅲ　自治体の会計 ……………………………………………… 38
　1．企業と自治体の違い ………………………………… 38
　2．財務書類の相互関係 ………………………………… 40
　3．資金収支計算書 ……………………………………… 49
　4．純資産変動計算書 …………………………………… 56

第2章　実際に仕訳をしてみよう！

- Ⅰ　仕訳の手順 ………………………………………………… 64
- Ⅱ　基礎編／支出 …………………………………………… 70
  1. 給料を支払ったとき …………………………………… 70
  2. 消耗品を買ったとき …………………………………… 72
  3. 修繕料を支払ったとき ………………………………… 74
  4. 通信費を支払ったとき ………………………………… 76
  5. 地代や家賃を支払ったとき …………………………… 78
  6. 備品を購入したとき …………………………………… 80
  7. 地方債の償還をしたとき ……………………………… 82
  8. 基金造成をしたとき …………………………………… 84
  9. 他会計への繰出金を支出したとき …………………… 86
- Ⅲ　基礎編／収入 …………………………………………… 88
  1. 税金の収入があったとき ……………………………… 88
  2. 使用料の収入があったとき …………………………… 90
  3. 国や県の補助金を受け入れたとき …………………… 92
  4. 他会計からの繰入金を受け入れたとき ……………… 94
  5. 基金を取り崩したとき ………………………………… 96
  6. 貸付金を回収したとき ………………………………… 98
  7. 地方債を発行したとき ………………………………… 100
- Ⅳ　応用編／支出 …………………………………………… 102
  1. 委託料を支払ったとき ………………………………… 102
  2. 改修工事をしたとき …………………………………… 104
     - プラスα　資産か費用か、それが問題だ …………… 106
  3. 建設仮勘定の計上と本勘定への振替 ………………… 108
     - プラスα　建物を建てたら全部「建物」？ ………… 110

Ⅴ　応用編／非資金取引（お金が動かない取引）･･････････112
　1.　土地の寄附を受けたとき ･･････････････････････112
　2.　固定資産の減価償却 ････････････････････････････114
　3.　建物を壊したとき ･･････････････････････････････116
　4.　未収金が発生したとき ･･････････････････････････118
　5.　未払金が発生したとき ･･････････････････････････120
　　　プラスα　未払金と未払費用、何が違う？ ･････････････122
　6.　徴収不能引当金の計上 ･･････････････････････････124
　7.　賞与等引当金の計上 ････････････････････････････126
　8.　退職手当引当金の計上 ･･････････････････････････128

第3章　練習してみよう！

　Ⅰ　仕　訳･･134
　Ⅱ　仕訳と合計残高試算表 ････････････････････････････150
　Ⅲ　財務書類4表の作成 ･･････････････････････････････155
　Ⅳ　総合問題･･169

Appendix　参考資料

　1.　勘定科目表････････････････････････････････････190
　2.　資金仕訳変換表････････････････････････････････193
　3.　非資金仕訳例･･････････････････････････････････198
　4.　財務書類4表の様式････････････････････････････203

第1章

基本のコトバと
ルールを知ろう！

第1章 基本のコトバとルールを知ろう！

I 簿記の基本

「簿記」は「帳簿記入」の略だといわれており、英語では「book keeping」という。

皆さんの中には家計簿をつけている人もいると思うが、家計簿も帳簿の一種である。

給料をもらったり、お金を使ったりするたびに家計簿に記録していれば、現金や預金の残高を知ることができるだけでなく、何にどのくらいお金を使っているかがわかるため、無駄遣いを発見することもできる。また、継続して記録すれば、毎年の使い道の変化や使った金額の増減を知ることができ、お金の使い方を見直すきっかけにすることもできる。

企業も同じである。毎日の取引を帳簿に記録しておけば、経営者は自社の財産や儲け、資金繰りの状況を知ることができ、経営上の改善点を発見することもできる。

ただ、企業の活動は家計よりも複雑であるため、記録するための仕組みが必要である。この仕組みが複式簿記である。

そして同様のことは企業だけでなく、他の法人（財団法人、社会福祉法人、NPO法人等）にも、もちろん自治体にもいえる。

複式簿記は、まず企業で採用され、その後自治体を含めた他の法人に、それぞれ固有の性質を考慮して採用されている。

したがって、まず企業の複式簿記の仕組みを知ることで、複式簿記共通の仕組みを理解したい。

1. 複式簿記とは

　家計簿は、現金収入や現金支出というお金の出入り「のみ」を記録するものであるため、「単式簿記」と呼ばれる。

　自治体の官庁会計も同様に、お金の出入り「のみ」を記録するものであるため、「単式簿記」に含まれる。

　これに対し「複式簿記」は、お金の出入りだけではなく、例えば財産の増減など、もっと広い範囲で活動を記録する。それができる理由は、1つの取引を2つの側面からとらえるためである。

> **（例）100万円の車を購入した場合**
> **単式簿記**：現金支出100万円を記録するだけ
>
>
>
> **複式簿記**：100万円の現金の減少とともに、100万円の車という資産の増加を記録

　複式簿記で記録すると、払った金額のほかに、「車という資産を100万円で購入した」という資産の金額情報も記録することができる。

　すなわち複式簿記とは、お金の出入りのほか、財産の状況なども同時に記録することができる便利な記録方法なのである。

第1章 基本のコトバとルールを知ろう！

2. なぜ複式簿記が必要なのか

　家計簿や自治体の官庁会計の「単式簿記」は、お金の出入りを把握するにはとても有効な方法であるが、財産の増減など、もっと広い範囲の活動を把握することはできない。例えば、家計簿では自分が住んでいる家の価値や住宅ローンの残高はわからないし、自治体の歳入歳出決算書だけでは財産の状況はわからないのである。
　そこで、複式簿記を使うとお金の出入りと同時に、財産の増減などのもっと広い範囲の活動を記録することができる。

　また企業には、株主や債権者など、様々な利害関係を持った人たちがいる。この人たちは、企業の活動の内容によって自分たちも損得が生じることから、企業への投資や貸付けに際して正しい判断をするために、企業の経営状況がわかる情報を必要とする。
　ところが、企業の取引の数は膨大であるため、帳簿の内容を簡潔に要約したものを作らないとわかりやすい情報にならない。
　そこで複式簿記を使うと、企業の財産や儲けの状況などを記録し、簡潔に要約した財務諸表(*)として作成することができ、それを経営者が知ることができるだけでなく、利害関係者にも明らかにすることができるのである。
　その財務諸表の中心になるのが「**貸借対照表（たいしゃくたいしょうひょう）**」と「**損益計算書（そんえきけいさんしょ）**」である。したがって、まずこの2つの書類を理解することが重要であるが、この2つの書類を見る前に、複式簿記の基本ルールを見てみよう。

（＊）公会計でいう「財務書類」は、企業会計では「財務諸表」と呼ばれることが多いが、法令等により名称が違うだけで意味するところは同じである。

Ⅰ　簿記の基本

プラスα

複式簿記って誰が考えたの？

　複式簿記の原型は、13〜14世紀のルネサンス期のイタリアで生まれ、15世紀に体系を確立したといわれる。

　当時、イタリアの都市は地中海貿易で繁栄しており、商人が商売上の債権・債務を記録するために複式簿記は生まれた。

　1494年にイタリア人の数学者ルカ・パチョーリが出版した本『算術・幾何・比及び比例全書（通称「スムマ」）』で、複式簿記について説明しているが、この本がヨーロッパ中に複式簿記が広がるきっかけになったといわれており、また複式簿記の存在を示す世界最古の本とされている。

　ちなみに、文豪ゲーテも「商売をやってゆくのに、広い視野を与えてくれるのは、複式簿記による整理だ。整理されていればいつでも全体が見渡される。（中略）人間の精神が産んだ最高の発明の一つだね。立派な経営者は誰でも、経営に複式簿記を取り入れるべきなんだ」（『ゲーテ、ヴィルヘルム・マイスターの修行時代（上）』（岩波文庫）、54ページ）と、複式簿記を称賛している。

　なお、日本に複式簿記が導入されたのは明治時代で、福沢諭吉がアメリカの複式簿記の教科書を翻訳し、1873年に「帳合之法（ちょうあいのほう）」という本を出版したのが、日本初の複式簿記の本とされている。

3. 複式簿記が扱う取引

　複式簿記では、あらゆる活動を記録するわけではなく、「お金やモノが動く取引」を帳簿に記録する。これを「簿記上の取引」という。
　言い換えれば、簿記上の取引とは、**資産**、**負債**、**純資産**、**収益**、**費用**のいずれかが増減する取引をいう。複式簿記は、この5つの要素で成り立っている。5つの要素については、後ほど詳しく説明する。

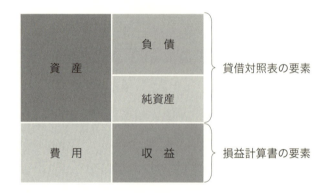

　この5つの要素が増減する取引のみを簿記上の取引とするため、簿記上の取引は、「一般的な取引」とは少し範囲が異なる。

I 簿記の基本

① 簿記上の取引であるが、一般的な取引でないもの
例　壊れた車を廃棄処分した
一般的には取引とはいわないが、車という資産が減少するため、簿記上の取引となる。

② 簿記上の取引であり、一般的な取引であるもの
例　車を購入した
一般的な取引であり、車という資産が増加するため、簿記上の取引となる。

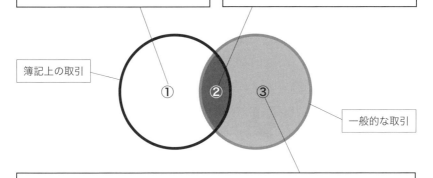

簿記上の取引

一般的な取引

③ 簿記上の取引ではないが、一般的な取引であるもの
例　業務委託契約を締結した
一般的な取引であるが、契約を締結しただけでサービスの提供を受けておらず、未だ費用を認識しないため、簿記上の取引ではない（サービスが提供されたら費用を認識するため、その時点で簿記上の取引となる）。

4. 仕訳とは

複式簿記を理解する上でまず大切なことは、「**仕訳（しわけ）**」を理解することである。

仕訳とは、日々の取引を複式簿記のルールにしたがって記録することである。仕訳は、左右に分かれており、左側が「**借方（かりかた）**」、右側が「**貸方（かしかた）**」と呼ばれる。

借 方	貸 方
か**り** 左にはらうので左側	か**し** 右にはらうので右側

すでに述べたとおり、簿記上の取引は、資産、負債、純資産、収益、費用の５つの要素のいずれかが増減する取引である。

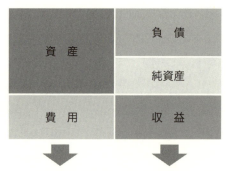

資産、費用が増えるときは「借方」（左側）に記入し、減るときは反対側の「貸方」（右側）に記入する。

負債、純資産、収益が増えるときは「貸方」（右側）に記入し、減るときは反対側の「借方」（左側）に記入する。

I 簿記の基本

　資産、負債、純資産、収益、費用の５つの要素のいずれかが増減する簿記上の取引が発生すると、それを仕訳として記録するが、記録の際はその内容に応じた名称で記録する。この名称を「**勘定科目（かんじょうかもく）**」という。

要　素	勘定科目の例（企業会計）	勘定科目の例（公会計）
資　産	現金預金、車両運搬具	現金預金、物品
負　債	借入金	地方債
純資産	資本金、利益剰余金	固定資産等形成分、余剰分(不足分)
収　益	売上高	使用料及び手数料
費　用	給料	職員給与費

　仕訳では、借方（左側）、貸方（右側）それぞれに「勘定科目」と「金額」を記載する（本来は取引の日付も記載するが、ここでは省略する）。

（借　方）		（貸　方）	
勘定科目	金額	勘定科目	金額

　例えばお金が減る場合、お金は「資産」であり、勘定科目名は「現金預金」である。資産が減るので、仕訳の貸方（右側）に「現金預金」と記載する。

（借　方）		（貸　方）	
		現金預金	××円

では、お金を払う取引の例で仕訳を見てみよう。

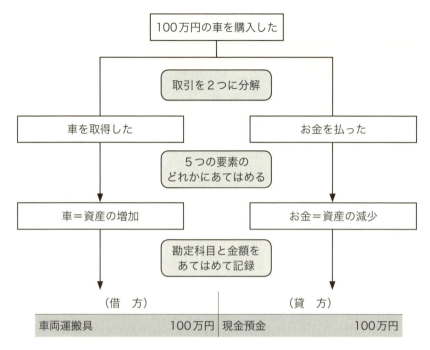

複式簿記では、「原因」と「結果」の２つの側面からとらえる。
この事例の場合、
① 車（資産）を購入したから（お金が減った原因）
② 100万円のお金を払った（結果）
の２つの側面がある。

このように１つの取引を２つの側面からとらえることで、支払った金額と同額の資産が増えたことを同時に記録することができる。

最初のうちは、何が「借方」で何が「貸方」か、なかなかわからないという方もいると思うが、そういうときは「お金」の動きに着目してみよう。

お金が減る取引の場合は、まず貸方（右側）に「現金預金」と記入する。

I 簿記の基本

次に、反対側の勘定科目が何になるかを考える。

複式簿記は、「簿記上の取引」を「原因」と「結果」の2つの側面に分解して、それぞれを借方、貸方のどちらかに記入する仕組みである。この事例の場合、お金が減った原因は何かと考えると、「車（資産）を購入したから」ということがわかる。そこで、現金預金の反対側の借方（左側）に「車両運搬具」と記入する。

同様に、お金を受け取る取引の例を見てみよう。

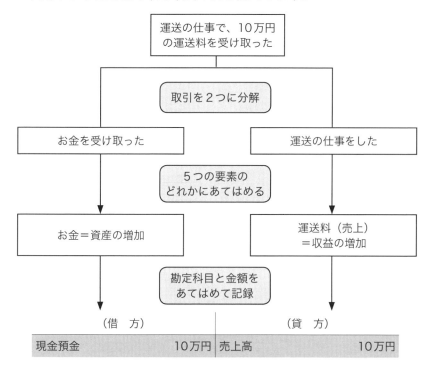

第1章　基本のコトバとルールを知ろう！

複式簿記では、「原因」と「結果」の２つの側面からとらえる。
この事例の場合、
① 運送の仕事をしたから（お金が増えた原因）
② 10万円のお金を受け取った（結果）
の２つの側面がある。

これも「お金」の動きに着目すると、次のようになる。
お金が増える取引の場合は、まず借方（左側）に「現金預金」と記入する。

（借　方）	（貸　方）
現金預金　　　　10万円	

次に、反対側の勘定科目が何になるかを考える。
お金が増えた原因は何かと考えると、「運送の仕事をしたから」ということがわかる。そこで、現金預金の反対側の貸方（右側）に「売上高」と記入する。

（借　方）	（貸　方）
現金預金　　　　10万円	売上高　　　　　10万円

このように、まずは「お金」の動きに着目して仕訳を考えてみよう。

プラスα

「借方」「貸方」ってどんな意味？

仕訳の「借方」「貸方」にどんな意味があるのか、気になる人もいるのではないだろうか。

もともと複式簿記は、イタリアの商人が、他人に対する債権・債務を記録するために生まれたものである。当時は帳簿の左側に「自分からお金を借りている人」を、帳簿の右側に「自分にお金を貸してくれている人」を記入していたといわれている。

例えば、自分がAさんに100を貸している場合、

(借方) Aさん　100

と記入する。帳簿に記入する自分の立場ではなく、相手の立場で借方、貸方を記録していたので、Aさんに対する貸付金は、「貸」がつくが「貸方」ではなく「借方」になる。

他方、自分がBさんから100を借りている場合、

(貸方) Bさん　100

と記入する。同様に、相手の立場で借方、貸方を記録していたので、Bさんに対する借入金は、「借」がつくが「借方」ではなく「貸方」になる。

その後、帳簿の記録の対象が、債権・債務だけでなく財産全体、さらには収益や費用という経営成績を表す科目に拡大していくにつれ、本来の「自分からお金を借りている人」「自分にお金を貸してくれている人」という意味はなくなってしまい、今となっては単に仕訳の左側、右側を示しているに過ぎない。

したがって、この言葉の意味はあまり深く考えず、左側が左にはらう「り」がつく「借方（かりかた）」、右側が右にはらう「し」がつく「貸方（かしかた）」と覚えていれば、それで十分である。

5. 貸借対照表

次に財務諸表の中心となる「貸借対照表」を見てみよう。

貸借対照表も次に見る損益計算書も、先ほど見た仕訳を積み上げて作成するものである。

貸借対照表（Balance Sheet：B/S）とは、一定時点（通常は期末）における財産の状況を報告するための表である。

複式簿記では、資産、負債、純資産の3つの区分を使う。

表の借方（左側）には資産を記入する。物理的形態を有するモノや将来金銭等を回収する権利である債権など、企業の財産を総称して資産というが、具体的には現金、債権（未収金、貸付金など）、固定資産（土地、建物など）などである。

表の貸方（右側）には、借入金など企業が負っている債務（将来金銭等を支払わなければならない義務）を負債として記入する。

貸方（右側）にはもう1つ、純資産を記入する。純資産とは、株主からの出資金（資本金）や、企業設立後に得た利益など、企業の財産のうち出資している株主の持分を表す。ひとまず「資産と負債の差額」と理解すればよい。

I 簿記の基本

　ここで、左側の資産と、右側の負債＋純資産の数値は必ず一致する。「Balance Sheet」「貸借対照表」という名称は、左右の金額が一致してバランスすることからきている。

$$資　産　=　負　債　+　純資産$$

　このように貸借対照表とは、一定時点の資産と負債、純資産の残高及び内訳を表示するものである。こう説明すると、「財産目録」のようなものだと理解される方もいるのではないかと思う。最初はそう理解するのがわかりやすく、また事実そのような面もあり、あながち間違いではない。

　しかし、正確には貸借対照表は「一定時点の財政状態」、すなわち「企業が資金をどのように集めて、どのように運用しているか」を明らかにする表である。この点は、56ページで説明する公会計特有の決まりとも関係する非常に重要なポイントであるため、十分理解してもらいたい。

　貸方（右側）の負債と純資産は、企業が「どのように資金を集めたか」を表しており、借方（左側）の資産は、「集めた資金をどのように運用しているか」を表している。

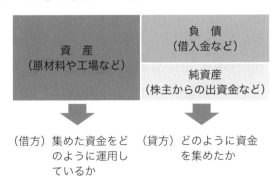

15

企業の場合、銀行から借りたお金や株主からの出資金を元手にして、例えば工場を建て、原材料を買って製品を作り、それを売って利益をあげて、元手の資金を回収する。

　貸借対照表を見ると、銀行から借りたお金や株主からの出資金は貸方（右側）の負債、純資産にそれぞれ記載される。そして、それらのお金で買った原材料やまだ売っていない製品、建てた工場は、借方（左側）の資産に記載される。

　借方（左側）の資産に記載される原材料や製品、工場は、それ自体を保有することが目的ではなく、原材料を使って工場で作った製品を売ることで利益をあげて、元手の資金を回収することが目的である。

　つまり、借方（左側）の資産は、「元手の資金を回収する過程で、どのような状態で運用しているか（元手の資金がどのように姿を変えているか）」を表しているのである。

　なお、借方（左側）の資産は、原則として1年以内に現金化するか否かによって、1年以内に現金化するものは流動資産、1年を超えるものは固定資産に区分される。このように区分する理由は、元手の資金を回収する過程において、資金回収までの期間が長いか短いかを表すためである。

　自治体でも同じである。自治体の目的は、企業のような「利益の追求のために、資金を回収すること」ではなく、「住民の福祉を増進させるために、行政サービスを提供すること」である。したがって、企業が「資金の回収のために保有している資産」は、自治体では「行政サービスを提供するために保有している資産」と読み替えることができる。つまり、借方（左側）の資産は、「元手の資金を使って行政サービスを提供する過程で、どのような状態で運用しているか」を表しているのである。

I 簿記の基本

プラスα

資産は多い方が良い？

　自治体の固定資産台帳や財務書類の作成を支援させていただく際によく質問されるのが、「資産は多い方が良いのか？」ということである。

　まず企業を例にとると、企業の目的は利益の追求である。原材料や工場といった資産が多過ぎると、それらをもとに作った製品が売れなければ、資金が回収されず、むしろ余計なお金が出ていくことになる。

　一方で、原材料や工場といった資産が少な過ぎると、製品を多く作ることができず、得られる利益も限られてしまう。

　つまり、資産は（資産に限らず会計上の数値はみなそうだが）、その金額の絶対値だけ見ても良いかどうか判断することはできない。その数値が良いかどうかは、他の数値と比較することではじめて判断できる。例えば売上高や利益などとの比率を計算したり、自社の過去からの増減を見たり、同業他社の数値と比較したりして、はじめて資産規模が適切か判断できるのである。

　自治体でも同じである。自治体の資産は、「元手の資金を使って行政サービスを提供する過程で、どのような状態で運用しているか」を表しているが、住民のニーズに比べて多過ぎても住民の満足度はさほど向上せず、むしろ余計なお金が出ていくことになるし、逆に少な過ぎると住民の満足度は低くなる。

　企業と同様に、例えば歳入総額や人口などとの比率を計算したり、自団体の過去からの増減を見たり、類似団体の数値と比較したりして、はじめて資産規模が適切か判断できるのである。

6. 損益計算書

　財務諸表の中心となる書類のもう1つが「損益計算書」である。

　損益計算書（Profit and Loss statement：P/L）とは、一会計期間における経営成績、すなわちどのような原因でいくら儲かったのかを報告するための表である。

　収益と費用の差額が、儲けである当期純損益を表す。

$$収益 − 費用 ＝ 当期純損益^{(*)}$$

　　　　　　　　（＊）プラスの場合は当期純利益
　　　　　　　　　　　マイナスの場合は当期純損失

　費用が増えるときは借方（左側）、収益が増えるときは貸方（右側）に記入する。

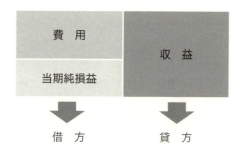

　収益とは、一言でいえば「成果」である。自らの事業活動の結果、お金を生み出す原因のことを総称して収益という。

　例えば、機械を買い、原材料を買って製品を作り、それを売れば、その「売上高」は、自らの事業活動の結果、お金を生み出す原因となるものであるため収益である。

　自治体でいえば、公共施設の使用料を徴収する場合、その「使用料」

は、自らの事業活動の結果、お金を生み出す原因となるものであるため収益である。

なお、負債や純資産も、収益と同様に貸方（右側）の科目であり、お金が入ってくる原因である。ただし負債や純資産が収益と異なるのは、「自らの事業活動によって得たお金ではなく、他人から預かっているお金が増える」ということである。例えば負債である借入金は、収益と同様にお金が入ってくる原因であるが、自らの事業活動によって生み出したものではなく、銀行から借りたお金なので収益ではない。

他方、費用とは、一言でいえば「成果を得るための犠牲」である。自らの事業活動の結果、収益を得るための犠牲としてお金を減らす原因のことを総称して費用という。

例えば、機械を買い、原材料を買って製品を作り、それを売る場合、売上高という「成果」を得るために使ったお金である機械の取得価額や原材料費、人件費は費用である。これらの支出は、売上高という成果を得たときに、その収益に対応させるように「売上原価」や「減価償却費」といった費用にする（機械の取得価額は、取得時に全額を費用とせず、減価償却費として耐用年数にわたって期間配分するが、この点は後で説明する）。

自治体でいえば、公共施設の維持管理費を支払う場合、その「維持管理費」は、自らの事業活動の結果、犠牲としてお金を減らす原因となるものであるため、費用である。

ここで、資産も費用も同じ借方（左側）の科目であることに注目してほしい。同じ借方科目であるということは、資産と費用には共通するものがあるのだろうか。両者の違いは何だろうか。

ここは重要なポイントであるため、次ページ以降で詳しく見てみよう。

7. 資産と費用の違い

　ここでは、お金や有価証券などの、いわゆる「金融資産」を除く有形固定資産、無形固定資産を前提としてお読みいただきたい。

　ともに借方（左側）の科目である「資産」と「費用」の違いは何だろうか。

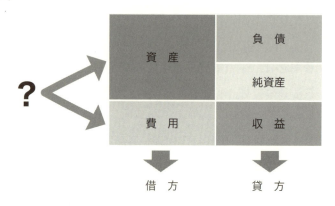

　実は、「資産」と「費用」には本質的な違いはない。違うのは「いつ費用になるか」という時期の問題だけである。
　こういうと「？」と思われるかもしれない。
　「5.貸借対照表」（14ページ）で、借方（左側）の資産は「元手の資金を回収する過程で、どのような状態で運用しているか（元手の資金がどのように姿を変えているか）」を表していると説明したが、実はこのことは費用にもいえるのである。
　先ほどの説明を繰り返すと、機械を買い、原材料を買って製品を作り、それを売る場合、売上高という「成果」を得るために使った原材料費や人件費といった製品を作るための支出は、売上高という成果を得たときに、その収益に対応させるように費用にする（機械の取得価額は31ページで説明する）。

ここで大事なことは、売上高という成果を得た会計年度と「同じ会計年度」に、その収益に対応させるように費用にするということである。同じ会計年度で収益と費用を対応させることで、毎期の経営成績（＝当期純損益）を適正に表すことができる。

逆にいえば、売上高という成果を得るまでは、その成果を得るための支出は費用とならない。

製品を作るのに支出したお金は、製品が売れたときと同じ会計年度に費用にするが、製品が完成した後、売れる前に会計年度が終了した場合、製品を作るのに支出したお金は費用にはせず、資産として翌会計年度に繰り越すのである（勘定科目は「棚卸資産」）。そして翌会計年度にその製品が売れれば、当該会計年度に棚卸資産を費用に振り替えるのである。

すなわち、資産とは、本質的には「翌年度以降に費用になるもの」と理解することができる。資産と費用は、翌年度以降に費用になるか、当該年度に費用になるかの違いがあるだけで、いずれ費用になるという点では共通するのである（土地は例外であり、33ページで説明する）。

この考え方は企業だけでなく、自治体にももちろん当てはまる。当年度の行政サービスの提供のために犠牲にする支出は費用となり、翌年度以降の行政サービスの提供のために犠牲にする支出は資産となるのである。

この考え方は、公会計の本質を理解するために非常に重要なポイントであるため、ぜひ理解してもらいたい。

8. 財務諸表の相互関係

ここまで、財務諸表で中心になる貸借対照表と損益計算書を見てきたが、実は、貸借対照表と損益計算書は相互に連携している。

例えば、1年間の取引が次の4つだけだったとして、貸借対照表と損益計算書を作ってみよう。

　＊以下の仕訳では、わかりやすいように勘定科目の前に（　）で、簿記上の取引の5つの要素のどれに該当するかを記載する。

取引例①　100万円を銀行から借り入れた。

（借　方）		（貸　方）	
（資産）　現金預金	100万円	（負債）　借入金	100万円

取引例②　100万円の車を購入した。

（借　方）		（貸　方）	
（資産）　車両運搬具	100万円	（資産）　現金預金	100万円

取引例③　買った車で運送の仕事をし、10万円の運送料を受け取った。

（借　方）		（貸　方）	
（資産）　現金預金	10万円	（収益）　売上高	10万円

取引例④　従業員に5万円の給料を支払った。

（借　方）		（貸　方）	
（費用）　給料	5万円	（資産）　現金預金	5万円

⬇ 仕訳を単純に合計

I 簿記の基本

（借　方）		（貸　方）	
（資産）　現金預金	100万円	（負債）　借入金	100万円
（資産）　車両運搬具	100万円	（資産）　現金預金	100万円
（資産）　現金預金	10万円	（収益）　売上高	10万円
（費用）　給料	5万円	（資産）　現金預金	5万円
合　　計	215万円	合　　計	215万円

同じ勘定科目の借方と貸方を
それぞれ集計

借方合計	勘定科目	貸方合計
110万円	（資産）　現金預金	105万円
100万円	（資産）　車両運搬具	
	（負債）　借入金	100万円
	（収益）　売上高	10万円
5万円	（費用）　給料	
215万円	合　　計	215万円

　この表を「合計試算表」という。すべての勘定科目の借方と貸方をそれぞれ合計したものである。
　合計試算表の借方合計と貸方合計は常に一致する。逆に一致しなければ、仕訳のどこかが間違っていることがわかる。
　これをさらに、同じ勘定科目の借方と貸方を差し引きすると、次のようになる。

借方残高	勘定科目	貸方残高
5万円	（資産）　現金預金	
100万円	（資産）　車両運搬具	
	（負債）　借入金	100万円
	（収益）　売上高	10万円
5万円	（費用）　給料	
110万円	合　　計	110万円

この表を「残高試算表」という。すべての勘定科目の借方と貸方を差し引きした残高を表すものである。

合計試算表と残高試算表を同じ表にすると、次のようになる。

借方残高	借方合計	勘定科目	貸方合計	貸方残高
5万円	110万円	（資産）現金預金	105万円	
100万円	100万円	（資産）車両運搬具		
		（負債）借入金	100万円	100万円
		（収益）売上高	10万円	10万円
5万円	5万円	（費用）給料		
110万円	215万円	合　計	215万円	110万円

この表を「合計残高試算表」という。

この表の各勘定科目の借方残高と貸方残高から、次のように貸借対照表と損益計算書を作ることができる。

貸借対照表

（資産）		（負債）	
現金預金	5万円	借入金	100万円
車両運搬具	100万円		
		（純資産）	

損益計算書

（費用）		（収益）	
給料	5万円	売上高	10万円
当期純損益	5万円		

I 簿記の基本

　企業設立後に得た利益（黒字）や損失（赤字）は、貸借対照表の純資産に「利益剰余金」という勘定科目で表示される。したがって、最後に当期純損益を貸借対照表の純資産に振り替えると、貸借対照表と損益計算書が完成する。

　このように、貸借対照表と損益計算書は純資産と当期純損益を通して連携するとともに、貸借対照表の借方（左側）の合計と貸方（右側）の合計は必ず一致する。

　次に、1つの取引だけを見てみよう。
　従業員に5万円の給料を支払ったとする。この場合、仕訳は以下のようになる。

（借　方）		（貸　方）	
（費用）　給料	5万円	（資産）　現金預金	5万円

25

Step1

5万円のお金を払ったため、お金という資産が減ったことを仕訳の貸方（右側）に現金預金5万円として記録する。

資産は貸借対照表の要素であるため、資産の減少として貸借対照表に表示される。

貸借対照表

(資産)	(負債)
現金預金　　△5万円(*)	
	(純資産)

（＊）前年度の残高も他の取引もないため、現金預金がマイナス表示になっているが、貸借対照表は一定時点の財産の状況を報告する表であるので、実際にはマイナス残高にはならない。

Step2

お金が減った原因は給料を払ったことであるため、給料という費用が増えたことを仕訳の借方（左側）に給料5万円として記録する。

費用は損益計算書の要素であるため、費用の増加として損益計算書に表示される。

損益計算書

(費用)	(収益)
給料　　　　5万円	
当期純損益	

同じ借方（左側）で、資産5万円が費用5万円に姿を変えたことになる。

Step3

年間の取引がこれだけだった場合、損益計算書における当期純損益は、収益0－費用5万円＝△5万円、つまり、5万円の当期純損失（赤字）となる。

損益計算書

(費用)		(収益)	
給料	5万円		
当期純損益	△5万円		

Step4

企業設立後に得た利益（黒字）や損失（赤字）は、貸借対照表の純資産に「利益剰余金」という勘定科目で表示される。

貸借対照表

(資産)		(負債)	
現金預金	△5万円		
		(純資産)	
		利益剰余金	△5万円

ここで、貸借対照表の借方（左側）と貸方（右側）を見ると、ともに△5万円で一致していることがわかる。

以上をまとめると、次のようになる。

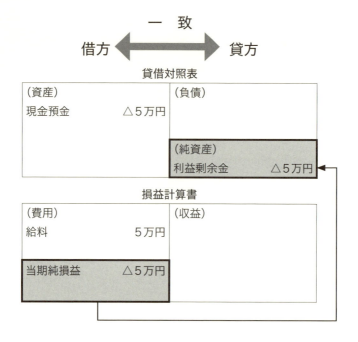

このように1つの取引だけを見ても、貸借対照表と損益計算書は純資産と当期純損益を通して連携するとともに、貸借対照表の借方（左側）の合計と貸方（右側）の合計は必ず一致する。

Ⅱ 決算の基本

1. 決算整理とは

　複式簿記の目的は、一定時点の財政状態及び一会計期間の経営成績を明らかにすることである。そのために行う決算時における帳簿の修正手続きを「決算整理」という。

　決算整理の主な手続きは、「発生主義」に基づく会計情報に修正することである。

　自治体の官庁会計では「現金主義」、すなわち、現金収入・支出があった時点で取引を記録しているが、「発生主義」では、その取引が「発生」した時点、少し難しい言葉でいうと、「経済的価値」の増加又は減少があった時点で収益・費用を認識する。

	現金主義会計	発生主義会計
収益の認識	現金収入があった時点	経済的価値の増加があった時点
費用の認識	現金支出があった時点	経済的価値の減少があった時点

　自治体の官庁会計は、住民から預かった税金を財源にした予算の編成・執行に重点が置かれており、現金収入及び現金支出（特に現金支出）を統制することが最も重要であるため、現金主義会計を採用している。

　一方で、経営成績を適正に表すには、発生主義に基づく会計情報の方が現金主義に基づく会計情報よりも優れている。

　例えば現金支出のタイミングは、取引の相手先との取り決めや、資金繰りの状況次第で操作が可能でもある。お金を支払うのを延期すれば、現金主義会計によれば費用が発生しないことになる。

　この点、発生主義会計によれば、現金の動きとは関係なく、「経済

的価値の減少があった時点」で費用を認識する。

　例えば、皆さんの現場で業務委託を行う場合、
　① 競争入札や見積り合わせなどで委託業者を選定
　② 委託業者と契約
　③ 納品・検収
　④ 請求書に基づく代金の支払い
というステップで手続きをされると思う。

　現金主義に基づく官庁会計においては、④の支払いが終わった時点で「委託料の支払い」という取引が記録されることになり、歳出決算書にそれが表れる。

　他方、発生主義会計においては、③の納品物を検収した時点で代金を支払う義務が発生するため、③の時点で経済的価値が減少することになる。したがって、④の支払いがいつになろうが③の時点で費用を認識する。

　逆に、業者の立場から見れば、③の時点で代金を受け取る権利が発生するため、③の時点で経済的価値が増加することになる。したがって、③の時点で収益を認識する。

　このように、現金の動きに関係なく経済的価値の増加・減少活動があった時点で取引を記録する発生主義に基づく会計処理を行うことで、毎期の経営成績を適正に表すことができる。

　もっとも自治体では「出納整理期間」があり、③と④が同一の年度になるように制度設計されているため、一般的な費用である人件費や物件費などに関してはあまり意識する必要はない。しかし、例えば「減価償却」や「引当金」の処理を行うに当たっては、この発生主義の基本的な考え方を知っておく必要がある。

　では、代表的な２つの決算整理の手続きを見てみよう。

●例1　減価償却

100万円でパンを焼く機械を購入し、機械が使える期間（5年間）にわたって、その機械で焼いたパンを売り、毎年30万円の売上（収益）があるとする。

これを現金主義会計で表すと次の表になる。

	1年目	2年目	3年目	4年目	5年目	合　計
収　益	30	30	30	30	30	150
費　用	100	－	－	－	－	100
当期純損益	△70	30	30	30	30	50

現金主義会計では、機械の購入価額100万円全額を、現金支出があった時点で費用として認識するため、1年目のみ費用が発生する。したがって、毎年の収益は30万円で一定であるにもかかわらず、当期純損益は1年目と2年目以降で異なるため、経営成績を適正に表すことができない。

これでは企業の経営者からすると、大きな投資をすればするほど1年目にドカンと赤字が発生するので、投資に尻込みしてしまう。

一方、これを発生主義会計で表すと次の表になる。

	1年目	2年目	3年目	4年目	5年目	合　計
収　益	30	30	30	30	30	150
費　用	20	20	20	20	20	100
当期純損益	10	10	10	10	10	50

発生主義会計では、機械が使える期間（耐用年数）にわたって毎年経済的価値の減少があるとみなして、毎年費用を認識する。そのため、100万円÷5年＝20万円／年の費用が5年間にわたって発生する。

これにより、毎年の当期純損益は一定になり、経営成績を適正に表すことができる。

以上から、現金主義会計と発生主義会計を比較すると5年間の通算の損益は一致するが、費用化する時期がずれるため、毎年の損益は一致しないことがわかる。

【発生主義会計による減価償却のイメージ（機械100万円、耐用年数5年）】

機械の取得価額は、収益を得るために使ったお金であるため、収益に対応するように費用化しなければならない。機械は1年間だけではなく何年も使えるため、取得価額を取得した年度だけで費用にするのではなく、使える期間にわたって費用にすることで、この機械から得られる収益とそれに係る費用を対応させることができる。

また、建物、工作物、物品などの有形固定資産は、使用もしくは時の経過に伴いその経済的価値は下がっていく。この価値の減少を「減価」といい、減価分を費用化する会計処理が「減価償却」である。毎年の仕訳は以下のようになる。

（借　方）	（貸　方）
減価償却費　　20万円	減価償却累計額　　20万円

借方（左側）の減価償却費は費用、貸方（右側）の減価償却累計額は資産の勘定科目である（文字どおりこれまでの減価償却費の累計を表し、貸方に記録するので資産のマイナスである）。この仕訳1つで、毎年費用を認識すると同時に、資産の金額を減らす処理をすることができるのである。

　なお、土地は減価するわけではなく耐用年数は「永久」であるため、減価償却は行わない。したがって、土地の取得価額は費用になることはなく、売却したときに売却損益が発生するのみである。

　Ⅰ「7．資産と費用の違い」（20ページ）で述べたように、資産とは本質的に「翌年度以降に費用になるもの」であるが、まさにこの減価償却がその具体的な会計処理であり、もちろん自治体の資産にも当てはめることができる。翌年度以降の行政サービスの提供のために犠牲にする支出は資産とし、耐用年数にわたって費用化することで、毎期の行政サービスの提供に実質的にどのくらい費用がかかっているのかを「見える化」することができるのである。

　また、資産（金融資産を除く）が本質的に「翌年度以降に費用になるもの」であるため、資産の残高は「将来的に費用になる金額」を表している。今後は自治体でも固定資産台帳によって固定資産を管理していくことになるが、台帳で管理することによって、将来の費用も「見える化」することができるのである。

> **プラスα**
>
> ### 帳簿価額＝財産価値？
>
> 「道路や公園などの資産は売るわけではないが、値段をつける意味あるの？」
>
> これも自治体の方によく質問される。
>
> 結論からいえば、資産（有形・無形固定資産）に評価額を付すのは財産価値を測るためではなく、「翌年度以降に費用になる金額」を見える化するためである。
>
> 翌年度以降の行政サービスの提供のために犠牲にする支出を資産とし、耐用年数にわたって減価償却費として費用化することで、毎期の行政サービスの提供に実質的にどのくらい費用がかかっているのかを見える化することができるからである。
>
> 減価償却は、市場価値の変動とは無関係に行われる会計処理であり、減価償却後の帳簿価額は市場価値とは無関係である。また、減価償却を行う前提として、資産が使える期間を「耐用年数」として設定するが、耐用年数は実際に使える物理的年数とは必ずしも一致するわけではなく、一定のルールのもとで規則的に減価償却を行うために便宜上使われる年数である。
>
> したがって減価償却後の帳簿価額は、その資産の財産価値を正確に表しているわけではない。
>
> このように、有形・無形固定資産に評価額を付すのは、一義的には「翌年度以降に費用になる金額」を見える化するためであり、財産価値を測るためではなく、また減価償却後の帳簿価額は必ずしも老朽化による資産の減価を適正に表しているわけではない。
>
> ただ、老朽化のおおまかな目安にはすることができる。
>
> 今後、有形・無形固定資産を台帳で管理することによって、どの資産が将来に多くの費用を生じさせるか、どの資産が老朽化しているかをおおまかに把握することができるため、副次的に、資産管理の観点からも有用な情報を得ることができる。

●例2　退職手当引当金

　減価償却は、支出を翌年度以降に繰り延べて費用化する処理であるが、引当金は逆に、翌年度以降に見込まれる支出を前もって費用化する処理である。

　Aさんが何十年後かに定年退職するときに退職金1,000万円の支出が見込まれるとする。この場合、現金主義会計では支出時に全額が費用となる。しかし、そもそも退職金は、給料の後払いとして支払うものと考えるため、毎年の給料と同じように勤務期間にわたって毎年費用にするべきものである。したがって、支出よりも前に、勤務期間にわたって費用化する。

【発生主義会計による退職手当引当金のイメージ（退職時に1,000万円支出）】

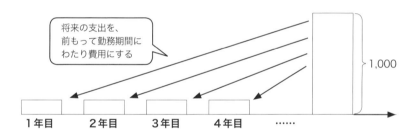

毎年の仕訳は以下のようになる。

　借方（左側）の退職手当引当金繰入額は費用、貸方（右側）の退職手当引当金は負債の勘定科目である。

第1章 基本のコトバとルールを知ろう！

プラスα

「収入・支出」と「収益・費用」は何が違う？

　官庁会計で用いられている「歳入・歳出」とは、会計年度における一切の「収入・支出」のことをいうが、「収入・支出」と「収益・費用」は何が違うのだろうか。

　結論からいうと、「お金が出入りするタイミングの違い」である。「収入」は、単純にお金が入ってきたことを意味する。一方「収益」は自らの事業活動の結果、お金を生み出す原因となるものであり、最終的には収入と同様にお金が入ってくることを意味しているが、収入があったときに認識するのではなく「経済的価値の増加があった時点」に認識するため、必ずしも収入と時期が一致するわけではない。

　同様に、「支出」は単にお金が出ていったことを意味するが、「費用」は自らの事業活動の結果、収益を得るための犠牲としてお金を減らす原因となるものであり、最終的には支出と同様にお金が出ていくことを意味しているが、支出があったときに認識するのではなく「経済的価値の減少があった時点」に認識するため、必ずしも支出と時期が一致するわけではない。

　自治体の官庁会計では、「現金収入があった時点＝収益」「現金支出があった時点＝費用」であるため、収入・支出という用語とは別に、わざわざ収益・費用という用語を使用していないが、企業会計では「現金収入があった時点≠収益」「現金支出があった時点≠費用」であるため、損益計算書では収益や費用という用語を使用している。

　他方、企業会計でも財務諸表のうちの１つである「キャッシュ・フロー計算書」（公会計における「資金収支計算書」）は、現金の出入りを記録するものであるため、自治体の官庁会計と同様に「収入・支出」という用語を使用している。

2. 貸借対照表、損益計算書以外の財務諸表

　企業会計における財務諸表のうち主要なものとして、これまで見てきた貸借対照表、損益計算書のほか、「株主資本等変動計算書」と「キャッシュ・フロー計算書」がある。

■株主資本等変動計算書
　貸借対照表の純資産の一会計期間の変動事由を報告するための表である。公会計における「純資産変動計算書」に相当する。

■キャッシュ・フロー計算書
　一会計期間におけるキャッシュ・フロー、すなわち資金の増減の状況を一定の活動区分別に報告するための表である。公会計における「資金収支計算書」に相当する。

企業会計における財務諸表	公会計における財務書類
貸借対照表	貸借対照表
損益計算書	行政コスト計算書
株主資本等変動計算書	純資産変動計算書
キャッシュ・フロー計算書	資金収支計算書

　企業会計における株主資本等変動計算書、キャッシュ・フロー計算書の説明は省略するが、公会計における純資産変動計算書、資金収支計算書は、次の「Ⅲ　自治体の会計」で説明する。

III 自治体の会計

1. 企業と自治体の違い

　ここまでは主として企業で用いられる複式簿記を見てきたが、複式簿記は企業以外の法人にも、それぞれ固有の性質を考慮して適用されている。
　ここからは、公会計において、自治体固有の性質がどのような違いとして複式簿記の仕組みに反映されているかを見ていく。

　企業と自治体で大きく異なるのは、以下の2点である。
① 目　的
　企業の目的は利益の追求であり、得られた利益を出資者（株主）に還元することが重要であるため、会計においても利益の計算が最も重要となる。
　一方、自治体においては利益の追求ではなく、住民の福祉の増進が目的である。ただし、税金をもとに行政サービスを行うため、最小の経費で最大の効果を挙げることが求められる。

② 費用と収益の対応関係（税収の性格）
　企業では、費用は収益を得るために使われたお金のことであり、費用と収益は明確な対応関係がある。例えば、原材料を購入し、それを製品に加工して販売する場合、原材料費は、製品を販売して収益を得るために使われたお金であり、費用と収益には明確な対応関係がある。
　しかし自治体の場合、行政サービスを提供することで税収を生み出すわけではなく、費用と税収に明確な対応関係はない。

また税収以外にも、地方交付税や補助金等といった、費用と明確な対応関係がない収入が自治体の収入の多くを占めている（税収とこれらの収入をあわせて、以下「税収等」という）。

このような違いから、公会計では以下のように考えている。

まず、行政サービスの提供によって直接収益を生み出すわけではないため、まずは行政サービスの提供等にどの程度の費用が必要だったかを示す必要がある。

一方、税収等は、企業における株主からの出資と同様に「住民からの拠出」ととらえ、収益ではないと考える（企業における資本金と同様に、純資産の増加と考える）。その結果、収益に計上するのは、使用料及び手数料といった毎年経常的に発生する、行政コストを一部補塡する程度のものに限られる。

したがって、収益と費用の対応関係を表す「損益計算書」に代わって、もっぱら費用を表す**「行政コスト計算書」**を作成する。

ここで自治体の目的は住民の福祉の増進であるが、今いる住民だけでなく、「将来の住民」のことも考えて財政運営を行う必要がある。

このため、自治体の財務業績については、

・毎年の経常的な費用がどの程度あり

・それが税収等の財源によってどのように賄われ

・その財源の過不足が、どのように蓄積されて将来の住民に引き継がれているか

を示すことも重要である。

それを表すために**「純資産変動計算書」**を作成する。

では公会計において、貸借対照表、行政コスト計算書、純資産変動計算書がどのように連携しているか、次ページ以降で見てみよう。

第1章 基本のコトバとルールを知ろう！

2. 財務書類の相互関係

　22ページと同様に、財務書類の相互関係を見てみる。ただし公会計では、貸借対照表、行政コスト計算書に加えて、純資産変動計算書も相互に連携している。

　まずは1年間の取引が次の5つだけだったとして、貸借対照表、行政コスト計算書、純資産変動計算書を作ってみよう。

取引例①　100万円の地方債を発行した。

（借　方）		（貸　方）	
（資産）　現金預金	100万円	（負債）　地方債	100万円

取引例②　100万円の車を購入した。

（借　方）		（貸　方）	
（資産）　物品	100万円	（資産）　現金預金	100万円

取引例③　10万円の使用料を受け取った。

（借　方）		（貸　方）	
（資産）　現金預金	10万円	（収益）　使用料及び手数料	10万円

取引例④　50万円の給料を支払った。

（借　方）		（貸　方）	
（費用）　職員給与費	50万円	（資産）　現金預金	50万円

III 自治体の会計

取引例⑤ 100万円の税金を受け取った。

（借　方）		（貸　方）	
（資産）現金預金	100万円	（純資産）税収等	100万円

⬇ 仕訳を単純に合計

（借　方）		（貸　方）	
（資産）現金預金	100万円	（負債）地方債	100万円
（資産）物品	100万円	（資産）現金預金	100万円
（資産）現金預金	10万円	（収益）使用料及び手数料	10万円
（費用）職員給与費	50万円	（資産）現金預金	50万円
（資産）現金預金	100万円	（純資産）税収等	100万円
合　計	360万円	合　計	360万円

⬇ 同じ勘定科目を集計し、借方と貸方を差引（合計試算表、残高試算表は省略する）

合計残高試算表

借方残高	借方合計	勘定科目		貸方合計	貸方残高
100万円	100万円	（資産）	物品		
60万円	210万円	（資産）	現金預金	150万円	
		（負債）	地方債	100万円	100万円
		（収益）	使用料及び手数料	10万円	10万円
50万円	50万円	（費用）	職員給与費		
		（純資産）	税収等	100万円	100万円
210万円	360万円	合　計		360万円	210万円

⬇ 各勘定科目の残高から貸借対照表、行政コスト計算書、純資産変動計算書を作成

第1章 基本のコトバとルールを知ろう！

貸借対照表

(資産)		(負債)	
物品	100万円	地方債	100万円
現金預金	60万円		
		(純資産)	

行政コスト計算書

(費用)		(収益)	
職員給与費	50万円	使用料及び手数料	10万円
		純行政コスト	40万円

純資産変動計算書

純行政コスト		税収等	100万円

　行政コスト計算書は、行政サービスの提供等にどの程度の経常的な費用が必要であったかを示す表である。行政コスト計算書において収益に計上されるのは、使用料及び手数料といった毎年経常的に発生する、行政コストを一部補塡する程度のものに限られる。

　一方、税収等も毎会計年度経常的に発生するが、企業における株主からの出資金と同様に収益ではなく純資産として、純資産変動計算書に計上される。

＊「税収等」は、正確には純資産の勘定科目ではなく、純資産変動計算書における勘定科目であるが、本書では便宜上、純資産の勘定科目として説明する。

Ⅲ 自治体の会計

　次に、行政コスト計算書の「純行政コスト」が、税収等の財源によってどのように賄われたかを、純資産変動計算書において明らかにする。

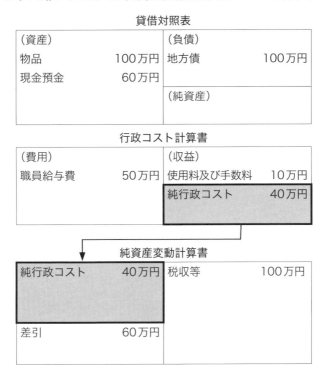

　純資産変動計算書を見ると、純行政コスト40万円が税収等100万円によって賄われ、差引60万円が残ったことがわかる。この60万円分だけ、将来の住民へ引き継ぐ財産（純資産）が増えたことになる（ここでは、前年度までの純資産は無視する）。

最後にこの60万円を貸借対照表の純資産に振り替えると、貸借対照表、行政コスト計算書、純資産変動計算書がすべて完成する。

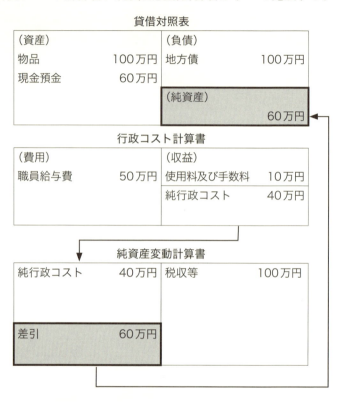

このように、貸借対照表と行政コスト計算書、純資産変動計算書は純資産、純行政コストを通して連携する関係になっているとともに、貸借対照表の借方（左側）の合計と貸方（右側）の合計は必ず一致する。

公会計の特徴は、純資産変動計算書にある。毎年の経常的な費用が税収等の財源によってどのように賄われているかを示すとともに、その財源の過不足がどのように蓄積され、その蓄積としての財産(純資産)が、将来の住民にどのように引き継がれているかを示す仕組みにしていることである。

III　自治体の会計

25ページと同様に、1つの取引だけを見てみよう。

職員に50万円の給料を支払ったとする。この場合、仕訳は以下のようになる。

（借　方）	（貸　方）
（費用）　職員給与費　　　　50万円	（資産）　現金預金　　　　　50万円

Step1

50万円のお金を払ったため、お金という資産が減ったことを仕訳の貸方（右側）に現金預金50万円として記録する。

資産は貸借対照表の要素であるため、資産の減少として貸借対照表に表示される。

貸借対照表

（資産）	（負債）
現金預金　　△50万円	
	（純資産）

Step2

お金が減った原因は給料を支払ったことであるため、給料という費用が増えたことを仕訳の借方（左側）に職員給与費50万円として記録する。

費用は行政コスト計算書の要素であるため、費用の増加として行政コスト計算書に表示される。

行政コスト計算書

（費用）	（収益）
職員給与費　　　50万円	
	純行政コスト

同じ借方（左側）で、資産50万円が費用50万円に姿を変えたことになる。

Step3

年間の取引がこれだけだった場合、行政コスト計算書における純行政コストは、費用50万円－収益0＝50万円、つまり、50万円の純行政コストとなる。

行政コスト計算書

（費用）		（収益）	
職員給与費	50万円		
		純行政コスト	50万円

Step4

行政コスト計算書の純行政コストが、税収等の財源によってどのように賄われたかを、純資産変動計算書において明らかにする。

純資産変動計算書

純行政コスト	50万円	税収等	
差引	△50万円		

純行政コスト50万円に対し、それを賄う税収等がゼロのため、差引50万円のマイナスになったことがわかる。この50万円分だけ、将来の住民へ引き継ぐ財産（純資産）が減ったことになる（ここでは、前年度までの純資産は無視する）。

Step5

この財産の増減は、企業における利益（黒字）や損失（赤字）と同様に、貸借対照表の純資産に表示される。

貸借対照表

（資産）		（負債）	
現金預金	△50万円		
		（純資産）	
			△50万円

ここで、貸借対照表の借方（左側）と貸方（右側）を見ると、ともに△50万円で一致していることがわかる。

なお、純資産の勘定科目については、56ページ以降で説明する。

以上をまとめると、次のようになる。

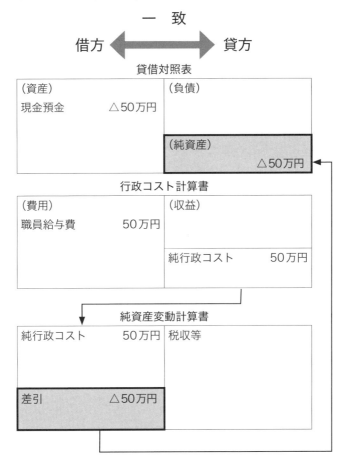

このように1つの取引だけを見ても、貸借対照表と行政コスト計算書、純資産変動計算書は純資産、純行政コストを通して連携するとともに、貸借対照表の借方（左側）の合計と貸方（右側）の合計は必ず一致する。

44ページで、公会計の特徴として、純資産変動計算書において毎年の経常的な費用が税収等の財源によってどのように賄われ、その累積の財産（純資産）が、将来の住民にどのように引き継がれているかを示す仕組みにしていることであると説明したが、純資産変動計算書の目的はこれだけではない。この点は56ページ以降で説明する。

3. 資金収支計算書

次に「資金収支計算書」を見てみよう。この表は、企業における「キャッシュ・フロー計算書」とほぼ同じである。また、自治体の官庁会計における歳入歳出決算書と、現金主義会計に基づく表という意味では同じであり、皆さんの感覚に一番しっくりくるのではないだろうか。

歳入歳出決算書と異なるのは、資金の動きを業務活動、投資活動、財務活動という3つの活動に区分することである。

「**業務活動収支**」は、投資活動、財務活動以外の活動から獲得した資金収支を示す。

「**投資活動収支**」は、固定資産の取得や売却、取得財源の国県等補助金の受入など、投資のために支出又は回収した資金収支を示す。

「**財務活動収支**」は、地方債の発行や償還など、主として投資活動を維持するために調達又は返済した資金収支を示す。

このように3つの活動に区分することによって、法人全体の収支バランスを見ることができる。例えば、業務活動収支から得られる資金の額と比べて投資の規模は適正か、債務の支払能力はあるか、過大な借入れをしていないか、などを判断するための材料として役立てることができる。

企業では、貸借対照表と損益計算書は仕訳から直接作成するが、キャッシュ・フロー計算書は仕訳から直接作ることはせず、貸借対照表と損益計算書を作成した後に、これらを加工して別途作成しており、その分作成の手間がかかっている。

この点、公会計では、できるだけ手間をかけずに資金収支計算書を作成できるように工夫がなされている。

第1章 基本のコトバとルールを知ろう！

　その工夫とは、現金収入・支出があったときの仕訳において、現金預金という勘定科目を使うのではなく、3つの活動区分に係る収入・支出の勘定科目（資金勘定）を用いて仕訳を作成することである。
　10ページで紹介した仕訳例を使って見てみよう。

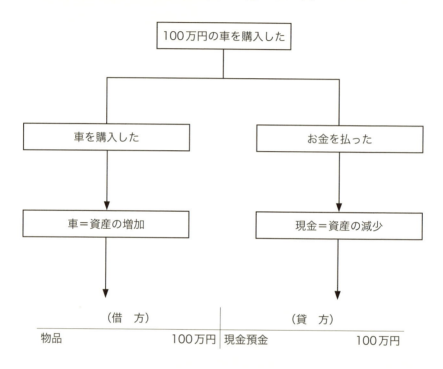

　お金を払ったことを、現金預金という資産の減少として貸方に記録しているが、仕訳の段階で3つの活動区分に係る資金勘定を用いて仕訳を作成すると、次のようになる。

III 自治体の会計

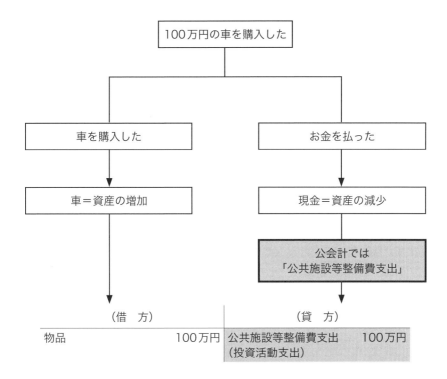

　このように、現金預金の増減内訳として資金勘定を使うことによって、資金収支計算書も仕訳から直接作成することができるのである。

第1章 基本のコトバとルールを知ろう！

40ページと同じ5つの取引例で、貸借対照表、行政コスト計算書、純資産変動計算書、資金収支計算書を同時に作ってみよう。

取引例① 100万円の地方債を発行した。

（借　方）		（貸　方）	
（財）地方債発行収入	100万円	（負債）地方債	100万円

取引例② 100万円の車を購入した。

（借　方）		（貸　方）	
（資産）物品	100万円	（投）公共施設等整備費支出	100万円

取引例③ 10万円の使用料を受け取った。

（借　方）		（貸　方）	
（業）使用料及び手数料収入	10万円	（収益）使用料及び手数料	10万円

取引例④ 50万円の給料を支払った。

（借　方）		（貸　方）	
（費用）職員給与費	50万円	（業）人件費支出	50万円

取引例⑤ 100万円の税金を受け取った。

（借　方）		（貸　方）	
（業）税収等収入	100万円	（純資産）税収等	100万円

※　資金勘定の（業）は業務活動、（投）は投資活動、（財）は財務活動の略。

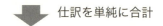
仕訳を単純に合計

Ⅲ 自治体の会計

	（借　方）			（貸　方）	
（財）	地方債発行収入	100万円	（負債）	地方債	100万円
（資産）	物品	100万円	（投）	公共施設等整備費支出	100万円
（業）	使用料及び手数料収入	10万円	（収益）	使用料及び手数料	10万円
（費用）	職員給与費	50万円	（業）	人件費支出	50万円
（業）	税収等収入	100万円	（純資産）	税収等	100万円
	合　計	360万円		合　計	360万円

 同じ勘定科目を集計し、借方と貸方を差引

合計残高試算表

借方残高	借方合計	勘定科目	貸方合計	貸方残高
100万円	100万円	（資産）物品		
		（負債）地方債	100万円	100万円
		（収益）使用料及び手数料	10万円	10万円
50万円	50万円	（費用）職員給与費		
		（純資産）税収等	100万円	100万円
100万円	100万円	（財）地方債発行収入		
		（投）公共施設等整備費支出	100万円	100万円
10万円	10万円	（業）使用料及び手数料収入		
		（業）人件費支出	50万円	50万円
100万円	100万円	（業）税収等収入		
210万円	210万円	資金勘定小計	150万円	150万円
360万円	360万円	合　計	360万円	360万円

 各勘定科目の残高から貸借対照表、行政コスト計算書、純資産変動計算書、資金収支計算書を作成

第1章 基本のコトバとルールを知ろう！

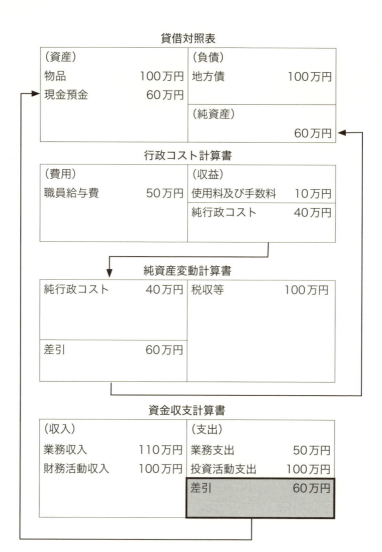

資金勘定小計を見ると、借方210万円、貸方150万円で、差引60万円増えたことがわかる。41ページの合計残高試算表において、現金預金が60万円増えていることと一致する。
　このように、現金預金の増減内訳として資金勘定を使うことによって、資金収支計算書も仕訳から直接作成することができるのである。

＊53ページの合計残高試算表において、資金勘定小計の借方残高、貸方残高が差引されておらず、ともに金額が記入されているのは、現金預金という勘定科目の代わりに用いている資金勘定の科目名が、それぞれ異なることによる。

4. 純資産変動計算書

最後は上級編である。複式簿記から少し離れた話になり、また少々難しいので、余裕がある方のみお読みいただければと思う。

純資産変動計算書の目的は、毎年の経常的な費用が税収等の財源によってどのように賄われているかを示すとともに、その財源の過不足がどのように蓄積され、その蓄積としての財産（純資産）が、将来の住民にどのように引き継がれているかを示すことであるが、「どのように」引き継がれているかを見える化するための工夫がなされている。

先ほどの取引例では財産（純資産）が60万円増えたが、増えた60万円は「お金」として持っているわけではない。

I「**5**. 貸借対照表」（14ページ）で見たとおり、貸借対照表の貸方（右側）の負債と純資産は、「どのように資金を集めたか」を表しており、借方（左側）の資産は、「集めた資金をどのように運用しているか」を表していることを思い出してほしい。

15ページの図を自治体に置き換えれば、以下のとおりになる。

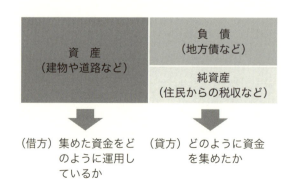

税収等としてお金が入ってきても、費用として使うだけでなく固定資産などに姿を変えるため、ずっとお金として持っているとは限らない。
　そこで、いったん入ってきた税収等が、どのような姿で将来の住民に引き継がれているかを純資産変動計算書は明らかにするのである。

　52ページの取引例では、財源100万円－純行政コスト40万円＝60万円の余剰が発生し、その分だけ将来の住民へ財産（純資産）を持ち越せることになった。
　ところが、取引例②において100万円の車を買っている。将来の住民へ持ち越す財産（純資産）60万円のうち、100万円分が固定資産に姿を変えている。
　その結果、少し乱暴にいえば「60万円財産が余ったけど、100万円の固定資産を買ったので、40万円分のツケ（負担）も将来に残した」ことになる。

純資産変動計算書

純行政コスト	40万円	税収等	100万円
差引	60万円		

将来に60万円の財産を持ち越せる！

すでに100万円の固定資産を買っている

将来に持ち越す60万円の中身は、
「100万円の固定資産」と「40万円のツケ」

　この「100万円の固定資産」と「40万円のツケ」を、純資産変動計算書では次のように表す。

純資産変動計算書

純行政コスト	40万円	税収等	100万円
固定資産等形成分	100万円		
剰余分（不足分）	△40万円		

　将来の住民へ持ち越す財産（純資産）60万円のうち、「固定資産等形成分」100万円が固定資産の形で持ち越す部分であり、「余剰分（不足分）」△40万円がツケ（負担）の形で持ち越す部分である。
　このように、将来の住民へ持ち越す財産（純資産）がどのような姿で将来の住民に引き継がれているかを純資産変動計算書は明らかにするのである。

これを実際の純資産変動計算書に記入すると、次のようになる。

科目	合計	固定資産等形成成分	余剰分（不足分）	
前年度末純資産残高	—	—	—	
純行政コスト（△）	△40		△40	Ⓐ「行政コストと財源の差額（残余）＝将来世代へ引き継ぐ純資産」がどれだけ変動したかを示す
財源	100		100	
税収等	100		100	
国県等補助金	—		—	
本年度差額	60		60	
固定資産等の変動（内部変動）		100	△100	Ⓑ「将来世代へ引き継ぐ純資産」のうち、固定資産等にどれだけ変動したかを示す
有形固定資産等の増加		100	△100	
有形固定資産等の減少		—	—	
貸付金・基金等の増加		—	—	
貸付金・基金等の減少		—	—	
資産評価差額		—	—	
無償所管換等		—	—	
その他		—	—	
本年度純資産変動額	60	100	△40	
本年度末純資産残高	60	100	△40	

（有形固定資産等の増加欄に「公共施設等整備費支出」の注記）

54ページまでで表した純資産変動計算書は、このⒶの部分である。

これに加えて、さらにⒷの部分を設けているが、このⒷの部分で純資産の残高を「固定資産等形成成分」と「余剰分（不足分）」に区分する。

「固定資産等形成成分」は、将来の住民へ持ち越す財産（純資産）のうち固定資産の形で持ち越す部分であるが、具体的には固定資産、貸付金、基金の残高である。

「余剰分（不足分）」は、将来の住民へ持ち越す財産（純資産）のうち、お金の形で持ち越す部分であるが、具体的には流動資産（短期貸付金及び基金を除く）から将来お金が出ていく負債を引いた額である。この金額がマイナスの場合は、お金を将来の住民に持ち越すのではなく、逆にツケ（負担）を持ち越すことを表している。

この取引例では、将来の住民へ持ち越す財産（純資産）60万円の

うち100万円が固定資産の形で持ち越すため、Ⓑの部分において「余剰分（不足分）」から「固定資産等形成分」へ100万円が振り替わったことを表している。

　ここで、Ⓑの部分の余剰分（不足分）△40万円と、54ページの貸借対照表を見比べてほしい。
　「現金預金（流動資産）60万円 − 地方債（負債）100万円＝△40万円」と一致している。
　固定資産の取得財源に地方債を充てる場合、その償還財源に将来の税収等を見込んでおり、償還財源の分だけ将来の税収等の使い道を固定化することになるため、その状況を開示する意味がある。
　つまり、純資産変動計算書は、現役世代と将来世代の間の受益と負担の関係を示すことに重点を置いているのである。

　国や自治体の財政の本質は「資源の配分」である。
　そう。公会計は、会計にとどまらず財政にも目配りして設計されているのである。

Ⅲ 自治体の会計

> **補足**
>
> 　第1章では財務書類を簡略化しているが、実際の表の主な項目は以下のとおりである。
>
> 貸借対照表
>
>
>
> 行政コスト計算書
>
>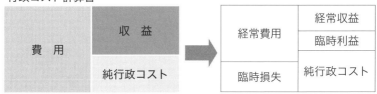
>
> 純資産変動計算書
>
> | 純行政コスト | 税収等 | → | 純行政コスト | 前年度末純資産残高 |
> |---|---|---|---|---|
> | | | | 資産評価差額等 | |
> | 差引 | | | 本年度末純資産残高 | 財源 |
>
> 資金収支計算書
>
> | 収入 | 支出 | → | 業務収入 | 業務支出 |
> |---|---|---|---|---|
> | | | | 投資活動収入 | 投資活動支出 |
> | | 差引 | | 財務活動収入 | 財務活動支出 |
> | | | | 前年度末資金残高 | 本年度末資金残高 |

第2章

実際に仕訳を
してみよう！

第2章 実際に仕訳をしてみよう！

I 仕訳の手順

　第1章では簿記一巡の流れを解説したが、財務書類は1つひとつの仕訳（各勘定科目）を集計することで作成されることを理解していただけただろうか。財務書類を作成する手順が大まかに理解できれば、次は実際に仕訳を作成してみよう。

　本章では、自治体における代表的な取引をピックアップして「仕訳の作成方法」を解説する。さらに、各勘定科目が財務書類のどこに反映されて、別の財務書類とどのように連携するかもあわせて説明する。

　実務における各取引の仕訳は、公会計ソフトウェアを用いて、官庁会計における歳入歳出データを複式簿記に変換して作成することが想定されているため、仕訳の大半は自動で作成される。しかし、「なぜ、そのような仕訳になるのか」を理解することは非常に大切である。

　仕訳にも簡単なものから高度なものまで様々なレベルのものがあるため、本章では〈基礎編〉と〈応用編〉に分けている。

　まずは〈基礎編〉をマスターし、仕訳作成の土台を理解できれば十分である。〈基礎編〉では現金預金が増減する取引（資金取引）で、仕訳も単一なものを紹介している。

　また、〈応用編〉では、1つの予算科目から複数の仕訳が考えられる取引や、現金預金の増減が発生しない取引（非資金取引）を紹介している。

　気になった取引から目を通していただいて構わない。

　なお、取引はすべて千円単位とし、単位は省略している。

Ⅰ 仕訳の手順

		取　　引	予算科目（＊）	該当ページ
基礎編	支出	1．給料を支払ったとき	給料	70
		2．消耗品を買ったとき	需用費	72
		3．修繕料を支払ったとき	需用費	74
		4．通信費を支払ったとき	役務費	76
		5．地代や家賃を支払ったとき	使用料及び賃借料	78
		6．備品を購入したとき	備品購入費	80
		7．地方債の償還をしたとき	償還金、利子及び割引料	82
		8．基金造成をしたとき	積立金	84
		9．他会計への繰出金を支出したとき	繰出金	86
	収入	1．税金の収入があったとき	都道府県税・市町村税	88
		2．使用料の収入があったとき	使用料及び手数料	90
		3．国や県の補助金を受け入れたとき	国庫支出金	92
		4．他会計からの繰入金を受け入れたとき	繰入金	94
		5．基金を取り崩したとき	繰入金	96
		6．貸付金を回収したとき	諸収入	98
		7．地方債を発行したとき	地方債	100
応用編	支出	1．委託料を支払ったとき	委託料	102
		2．改修工事をしたとき	工事請負費	104
		3．建設仮勘定の計上と本勘定への振替	工事請負費	108
	非資金取引（お金が動かない取引）	1．土地の寄附を受けたとき	なし	112
		2．固定資産の減価償却	なし	114
		3．建物を壊したとき	なし	116
		4．未収金が発生したとき	なし	118
		5．未払金が発生したとき	なし	120
		6．徴収不能引当金の計上	なし	124
		7．賞与等引当金の計上	なし	126
		8．退職手当引当金の計上	なし	128

（＊）予算科目は、歳入は款、歳出は節で表記している。

第2章 実際に仕訳をしてみよう！

各仕訳例の見方

左ページでは、複式簿記の仕訳を作成する過程を示している。

（例）旅費を払ったとき

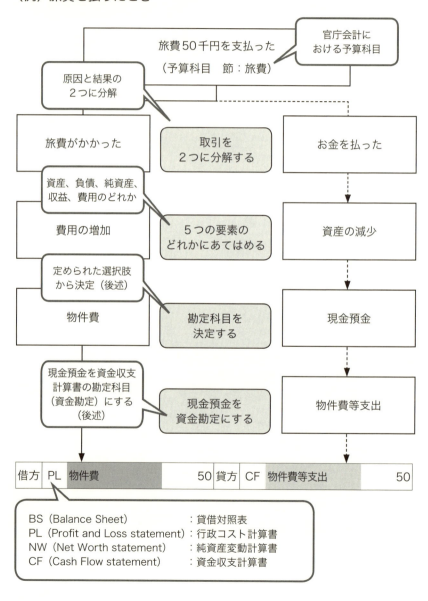

- BS（Balance Sheet） ：貸借対照表
- PL（Profit and Loss statement） ：行政コスト計算書
- NW（Net Worth statement） ：純資産変動計算書
- CF（Cash Flow statement） ：資金収支計算書

Ⅰ 仕訳の手順

　右ページでは、作成した仕訳が各財務書類にどのように反映され、財務書類4表がどのように関係しているかを示している。

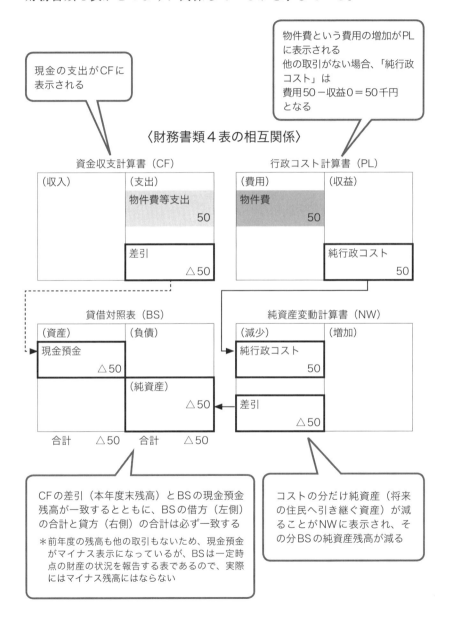

第2章 実際に仕訳をしてみよう！

勘定科目について

　誰が作成しても同様の財務書類となり、比較できるようにするためにはルールの取り決めが必要である。複式簿記というルールを共通化しても使用する勘定科目が異なると、財務書類が比較できなくなってしまう。そこで勘定科目は、資産、負債、純資産、収益、費用の5つの要素ごとにあらかじめ定められたものを使用する。

　本章で使用する勘定科目を下記に示す。なお、詳細な勘定科目表は参考資料に記載した。

要　素	本章で使用する勘定科目
資　産	土地、建物、物品、減価償却累計額（資産のマイナスの勘定科目）、ソフトウェア 建設仮勘定、現金預金、未収金、長期貸付金、財政調整基金 徴収不能引当金（資産のマイナスの勘定科目）
負　債	地方債、1年内償還予定地方債、未払金、退職手当引当金、賞与等引当金
純資産	税収等、国県等補助金、無償所管換等
収　益	使用料及び手数料、その他
費　用	職員給与費、賞与等引当金繰入額、退職手当引当金繰入額 物件費、維持補修費、減価償却費 支払利息、徴収不能引当金繰入額 他会計への繰出金、資産除売却損

＊「税収等、国県等補助金、無償所管換等」は、正確には純資産の勘定科目ではなく、純資産変動計算書における勘定科目であるが、本書では便宜上、純資産の勘定科目として説明する。

また、資金収支計算書を仕訳から直接作成するために、「現金預金」に代わって資金収支計算書の勘定科目（本書では「資金勘定」と呼ぶ）を使用する。

　本章で使用する資金勘定を下記に示す。なお、詳細な勘定科目表は参考資料に記載した。

	本章で使用する資金収支計算書の勘定科目（資金勘定）
支　出	人件費支出、物件費等支出、支払利息支出、他会計への繰出支出 公共施設等整備費支出、基金積立金支出、地方債償還支出
収　入	税収等収入、国県等補助金収入、使用料及び手数料収入 その他の収入、基金取崩収入、貸付金元金回収収入 地方債発行収入

第2章 実際に仕訳をしてみよう！

II 基礎編／支出

1. 給料を支払ったとき

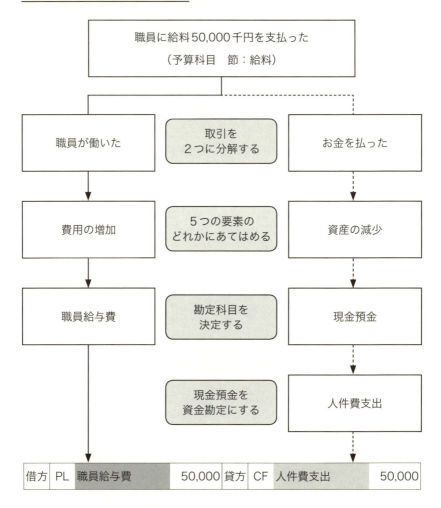

Ⅱ 基礎編／支出

〈財務書類4表の相互関係〉

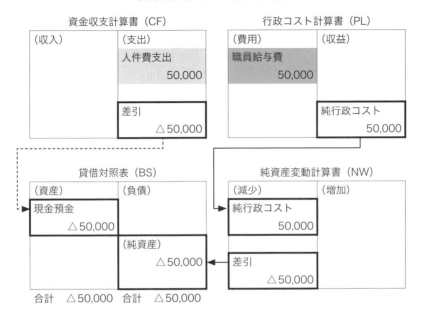

- ◆「職員給与費」は、職員等に対して勤労の対価や報酬として支払われる費用をいう。
- ◆給料に付随する共済費や災害補償費も、勘定科目は給料と同じく「職員給与費」を用いる。
- ◆職員手当も同様に「職員給与費」を用いるが、賞与や退職手当については126〜129ページを参照していただきたい。

第2章 実際に仕訳をしてみよう！

2. 消耗品を買ったとき

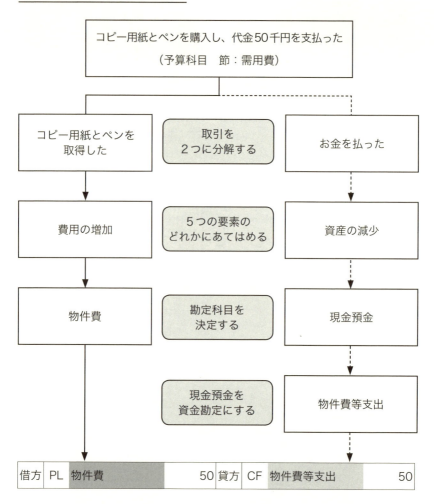

Ⅱ 基礎編／支出

〈財務書類4表の相互関係〉

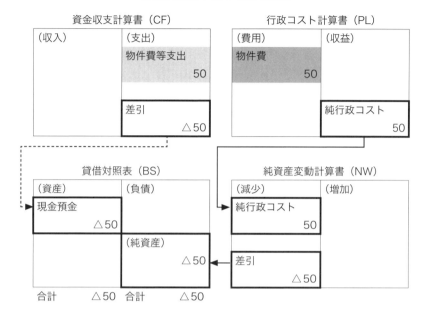

- ◆「物件費」は、職員旅費、委託料、消耗品や備品購入費といった消費的性質の経費であって、資産計上されないものをいう。
- ◆コピー用紙やペンは消耗品のため、費用（物件費）となる。

3. 修繕料を支払ったとき

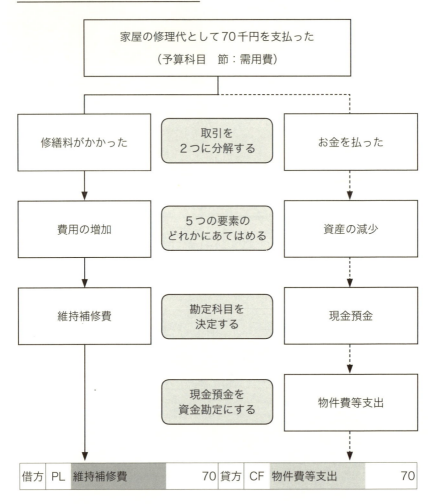

Ⅱ 基礎編／支出

〈財務書類４表の相互関係〉

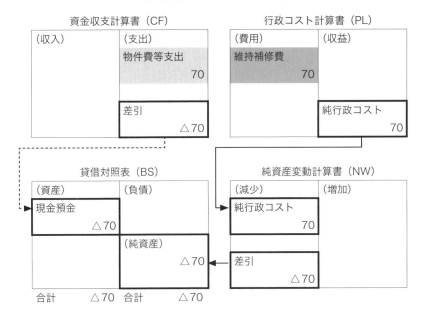

◆維持補修費は、資産の機能維持のために必要な修繕費等をいう。
◆家屋の修理は、家屋の機能維持のために必要な修繕費のため、費用（維持補修費）となる。

第2章 実際に仕訳をしてみよう！

4. 通信費を支払ったとき

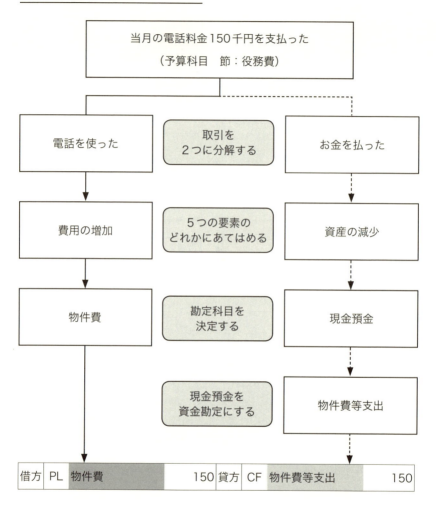

〈財務書類4表の相互関係〉

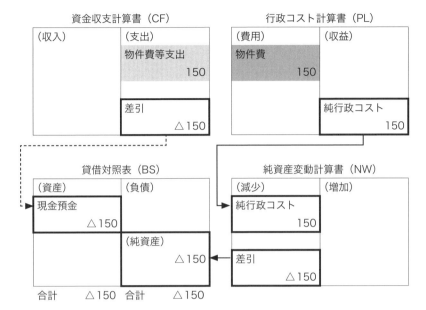

第2章 実際に仕訳をしてみよう！

5. 地代や家賃を支払ったとき

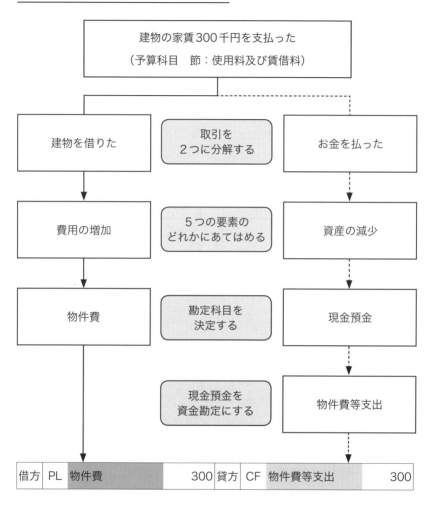

Ⅱ 基礎編／支出

〈財務書類4表の相互関係〉

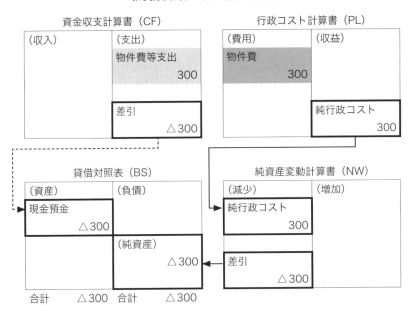

◆ 借方の勘定科目に物件費が続くが、自治体が支出するものの多くは（給料等の人件費に該当するものを除き）物件費に該当すると考えられる。

6. 備品を購入したとき

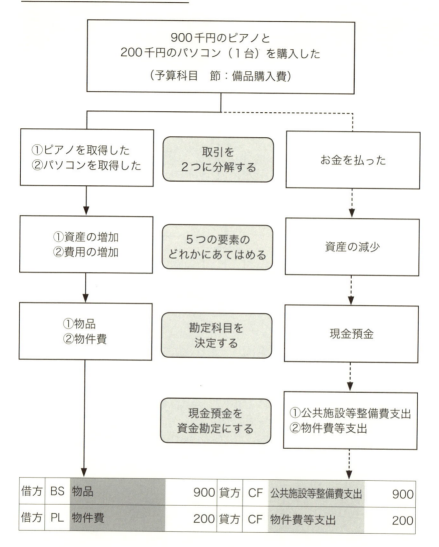

Ⅱ 基礎編／支出

〈財務書類4表の相互関係〉

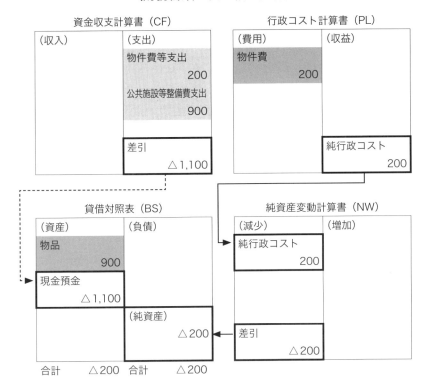

- ◆物品は、原則として取得価額又は見積価格が1単位当たり500千円以上の場合に資産として計上し、500千円未満の場合は費用として計上する。本例では、パソコンは500千円未満のため費用として計上する。
- ◆パソコンは通常1年以上使えるものであるため、本質的には資産であるともいえるが、少額のものも資産に計上すると実務上煩雑なため、会計上は一定の金額基準を設けて折り合いをつけている。
- ◆なお、各自治体の規程等において重要な物品等の基準を有している場合で、かつ、総資産に占める物品の割合に重要性がないと判断される場合においては、各自治体の判断に基づき、継続的な処理を前提に当該規程等に準じた資産計上基準を設けてもよい。

7. 地方債の償還をしたとき

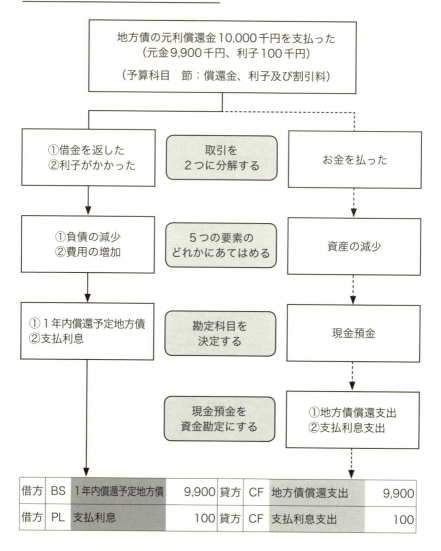

Ⅱ 基礎編／支出

〈財務書類4表の相互関係〉

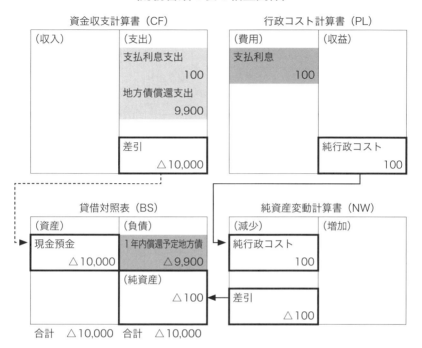

◆官庁会計では、通常、地方債の元利償還金の元金と利子を同じ予算科目で支出しているが、仕訳に当たっては元金と利子では勘定科目が異なるため、金額を区分する必要がある。

第2章 実際に仕訳をしてみよう！

8. 基金造成をしたとき

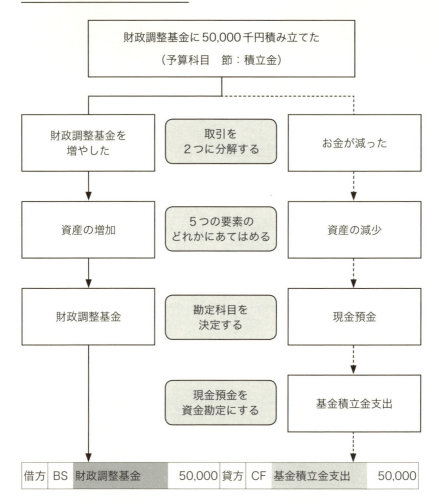

Ⅱ 基礎編／支出

〈財務書類４表の相互関係〉

資金収支計算書（CF）

（収入）	（支出）
	基金積立金支出 50,000
差引 △50,000	

行政コスト計算書（PL）

（費用）	（収益）
	純行政コスト

貸借対照表（BS）

（資産）	（負債）
現金預金 △50,000	
財政調整基金 50,000	
	（純資産）
合計　　　　0	合計　　　　0

純資産変動計算書（NW）

（減少）	（増加）
差引	

◆財政調整基金は財政の健全な運営のための積立金であり、一般会計が一時的に資金不足になったときはこの基金から借入れを行うことから、流動資産に区分される。
◆同じ基金でも減債基金は、固定資産となるものと流動資産となるものに区分される。区分方法の例示は以下のとおりである。
【固定資産】
・繰上償還相当額を減債基金に積み立てるもの
・満期一括償還に備えて毎年一定率ずつ減債基金に積み立てているもの
【流動資産】
・歳計剰余金処分により積み立てたもの等、特定の地方債との紐付けがないもの
なお、１年以内に償還予定の満期一括償還地方債の償還のために減債基金に積み立てたものについては、当該満期一括償還地方債を流動負債に振り替えるのに合わせて、流動資産に振り替えることも考えられる。

第2章 実際に仕訳をしてみよう！

9. 他会計への繰出金を支出したとき

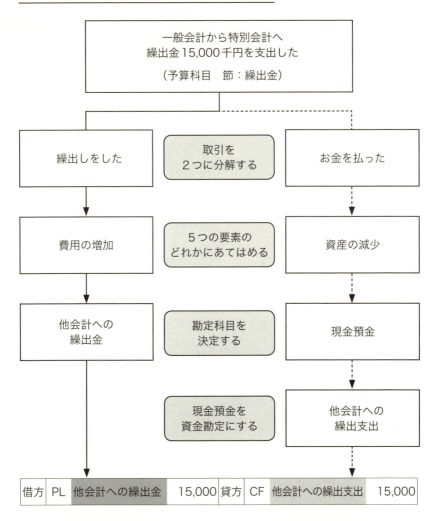

II 基礎編／支出

〈財務書類4表の相互関係〉

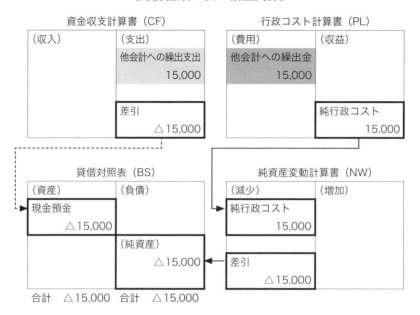

◆他会計からの繰入金の受け入れについては、94ページを参照していただきたい。

第2章 実際に仕訳をしてみよう！

III 基礎編／収入

1. 税金の収入があったとき

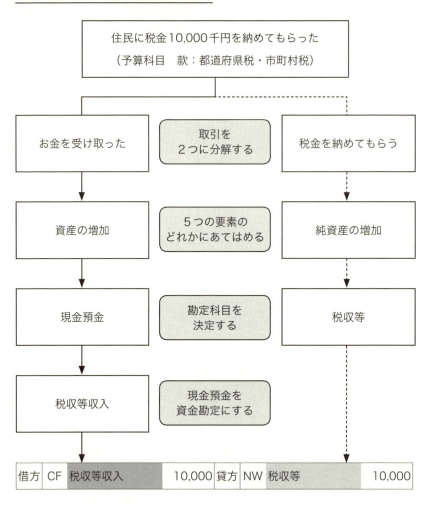

Ⅲ 基礎編／収入

〈財務書類4表の相互関係〉

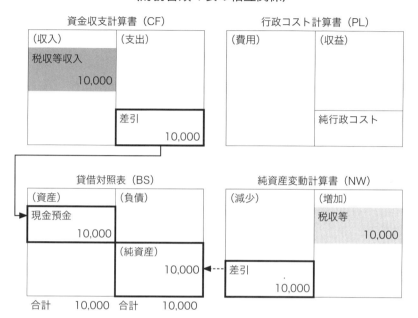

◆税収は行政サービスを提供することで生み出されるものではなく、費用と税収に明確な対応関係はないことから、企業における株主からの出資金と同様に収益ではなく純資産に計上する。したがって、行政コスト計算書を経由せず純資産変動計算書に直接計上する。

第2章 実際に仕訳をしてみよう！

2. 使用料の収入があったとき

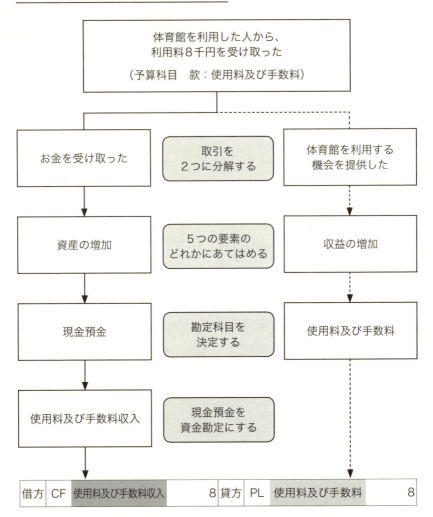

Ⅲ 基礎編／収入

〈財務書類4表の相互関係〉

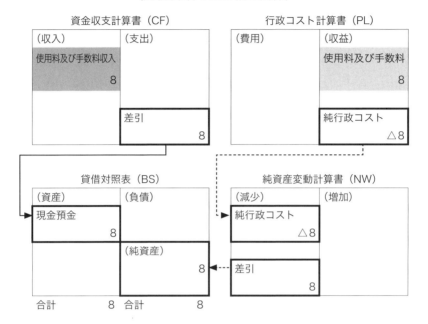

- ◆「使用料及び手数料」は、自治体がその活動として一定の財・サービスを提供する場合に、当該財・サービスの対価として使用料・手数料の形態で徴収する金銭をいう。
- ◆ なお、行政コスト計算書において収益に計上されるのは、使用料及び手数料といった毎年経常的に発生する行政コストを一部補塡する程度のものに限られる。

第2章 実際に仕訳をしてみよう！

3. 国や県の補助金を受け入れたとき

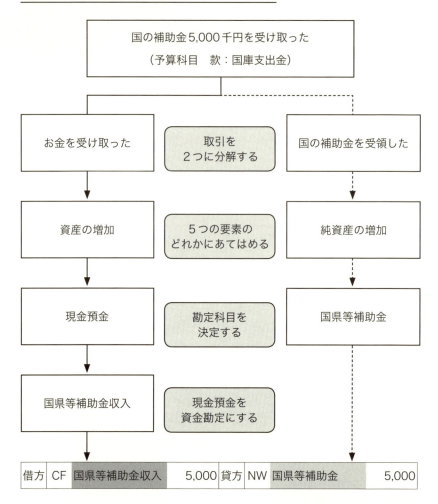

〈財務書類4表の相互関係〉

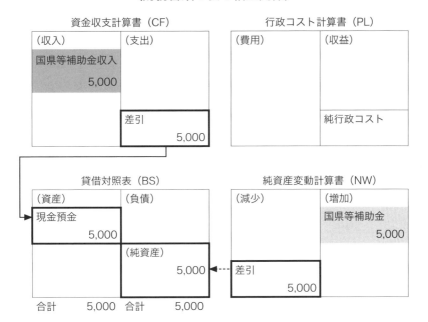

- ◆国や県からの補助金も、税収と同様に費用と明確な対応関係はないことから、収益ではなく純資産に計上する。
  したがって、行政コスト計算書を経由せず純資産変動計算書に直接計上する。
- ◆資金勘定の「国県等補助金収入」は、業務支出、投資活動支出、臨時支出（災害復旧事業費等）のいずれの財源に支出したかにより、資金収支計算書上の表示区分が異なる。
  業務支出の財源　　　：「業務収入」に区分
  投資活動支出の財源：「投資活動収入」に区分
  臨時支出の財源　　　：「臨時収入」に区分

4. 他会計からの繰入金を受け入れたとき

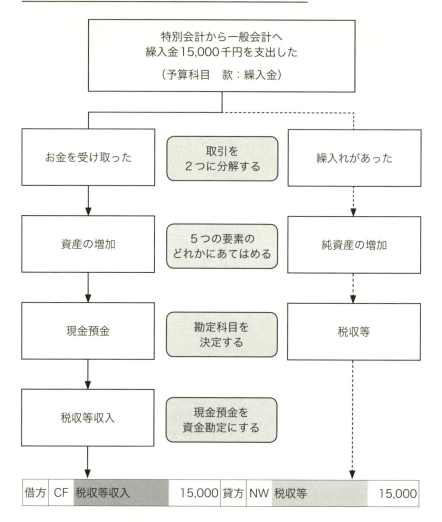

III 基礎編／収入

〈財務書類4表の相互関係〉

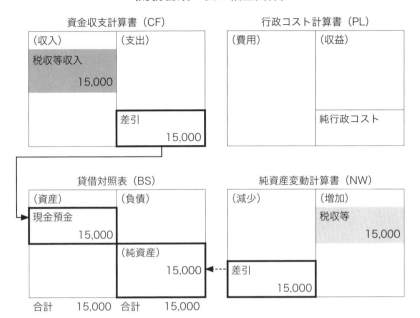

◆他会計からの繰入金も、税収と同様に費用と明確な対応関係はないことから、収益ではなく純資産に計上する。

第2章 実際に仕訳をしてみよう！

5. 基金を取り崩したとき

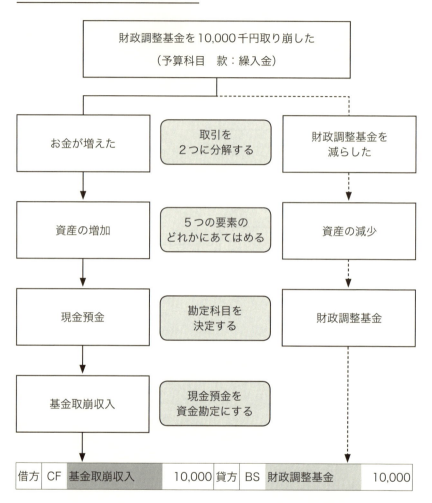

Ⅲ 基礎編／収入

〈財務書類4表の相互関係〉

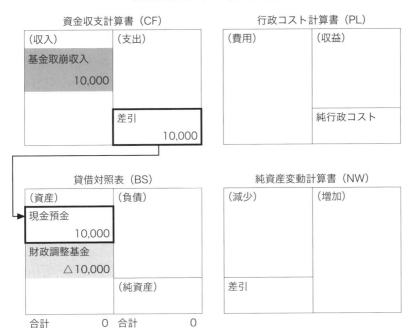

◆基金の造成については、84ページを参照していただきたい。

6. 貸付金を回収したとき

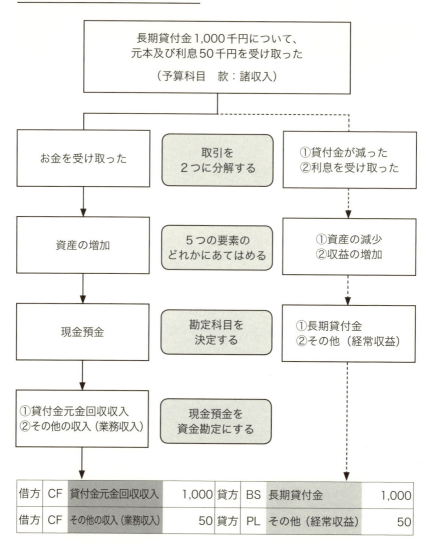

III 基礎編／収入

〈財務書類4表の相互関係〉

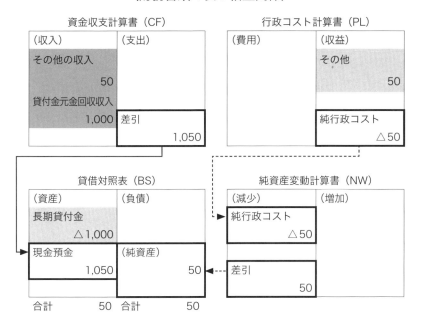

◆貸付金は貸付期間が1年超かどうかに基づいて長期貸付金と短期貸付金とに分け、さらに元本額と利息額を分ける。その上で利息分は収益に計上する。

7. 地方債を発行したとき

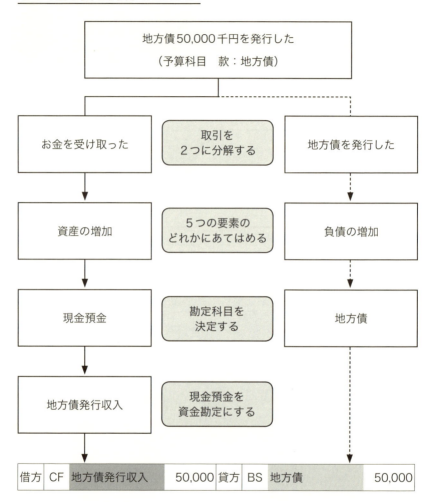

Ⅲ 基礎編／収入

〈財務書類４表の相互関係〉

資金収支計算書（CF）

（収入）	（支出）
地方債発行収入 50,000	
	差引 50,000

行政コスト計算書（PL）

（費用）	（収益）
	純行政コスト

貸借対照表（BS）

（資産）	（負債）
現金預金 50,000	地方債 50,000
	（純資産）
合計　50,000	合計　50,000

純資産変動計算書（NW）

（減少）	（増加）
差引	

◆地方債は数年後から何十年後に返済を予定するため固定負債だが、翌年度に償還する地方債は流動負債として区分する。そのため、翌年度償還予定分については次の仕訳を行う。
（借方）BS 地方債　××　（貸方）BS １年内償還予定地方債　××
◆臨時財政対策債についても、他の地方債と同様に仕訳する。
◆臨時財政対策債の元利償還金相当額については、地方交付税法上、その全額が地方交付税の基準財政需要額に算入されることになっているため、実質的な負債ではないと認識している自治体が多いかもしれないが、負債（地方債）から控除することはできない。
◆ただし、貸借対照表の読み手の適切な理解を促すため、臨時財政対策債の趣旨や現在高を財務書類において注記で表示することは非常に重要である。

第2章 実際に仕訳をしてみよう！

IV 応用編／支出

1. 委託料を支払ったとき

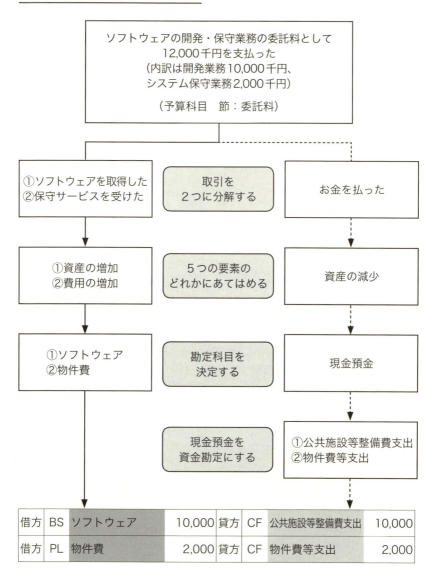

Ⅳ 応用編／支出

〈財務書類4表の相互関係〉

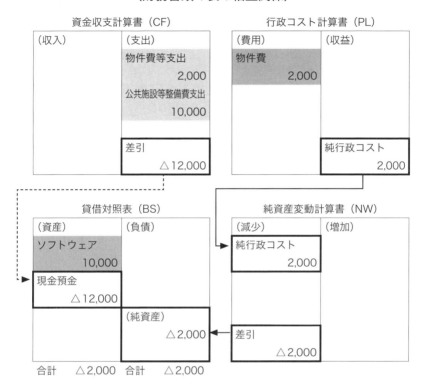

- ◆同じ委託料でも、ソフトウェアと保守サービスでは大きな違いがある。
- ◆第1章のⅠ「7．資産と費用の違い」(20ページ) で述べたように、資産と費用の違いは、本質的には「翌年度以降」の行政サービスの提供のために犠牲にする支出か、「当年度」の行政サービスの提供のために犠牲にする支出かの違いである。
- ◆本例でいうと、ソフトウェアは、翌年度以降の行政サービスを提供するために開発したものであるため資産となる。
- ◆一方、保守サービスは、あくまで当年度の行政サービスを提供するためのものであるため費用となる。

第2章 実際に仕訳をしてみよう！

2. 改修工事をしたとき

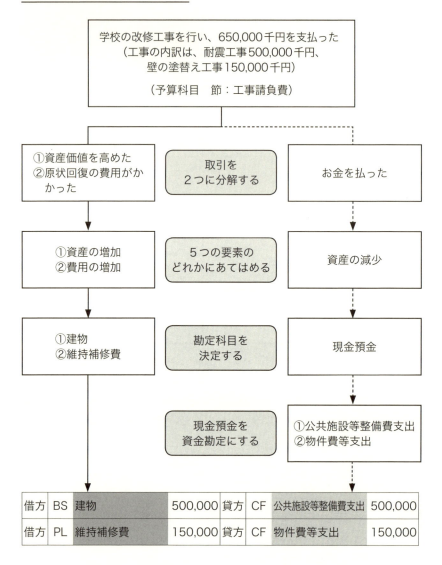

Ⅳ 応用編／支出

〈財務書類4表の相互関係〉

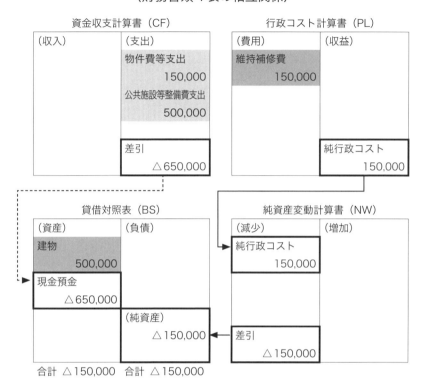

- ◆改修工事は、資産に該当する部分（資本的支出）と費用に該当する部分（修繕費）を区分する必要がある。次ページの「プラスα」を参照していただきたい。
- ◆103ページと説明が重複するが、資産と費用の違いは、本質的には「翌年度以降」の行政サービスの提供のために犠牲にする支出か、「当年度」の行政サービスの提供のために犠牲にする支出かの違いである。
- ◆本例でいうと「耐震工事」は、資産の価値を高め、耐久性を増すものであるから、その効果は当年度だけではなく、翌年度以降も期待されるため資産となる。
- ◆一方、「壁の塗替え工事」は、原状回復のための費用であり、いわばマイナスからゼロの状態に回復することが目的で、耐久性が増すわけではなく、その効果は将来に影響しないため費用となる。

第2章 実際に仕訳をしてみよう！

プラスα

資産か費用か、それが問題だ

　既存施設（有形固定資産）の改修工事等を行った場合、それは資産なのか費用なのか悩むことがある。そういうときのために、あらかじめ区分するための基準を決めておく必要がある。

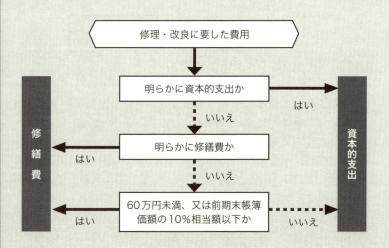

　このフローチャートは「法人税基本通達」第7章第8節の例示を簡略化したものである。

Ⅳ 応用編／支出

　まず、明らかに「資本的支出」である場合、すなわち「当該有形固定資産の価値を高め、又はその耐久性を増すこととなると認められる部分に対応する金額」は「資本的支出」（有形固定資産の取得後の支出のうち、当該資産の取得価額に加えるべき支出）として資産に計上する。先ほどの事例でいうと「耐震工事」がこれに当たる。

　他方、明らかに「修繕費」である場合、すなわち「通常の維持管理のため、または、き損した固定資産につきその原状を回復するために要したと認められる部分に対応する金額」は「修繕費」（公会計の勘定科目でいうと、主に維持補修費）として費用に計上する。先ほどの事例でいうと「壁の塗替え工事」がこれに当たる。

　どちらに該当するのか判断に迷う場合は一定の金額で区分する。なお、各自治体の実情に合わせて上記のフローチャートの「60万円未満」を別途の金額に設定することもできるが、その際はその旨を財務書類に注記する必要がある。

第2章 実際に仕訳をしてみよう！

3. 建設仮勘定の計上と本勘定への振替

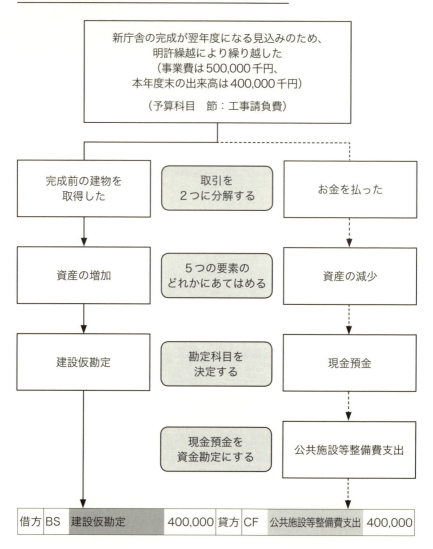

Ⅳ 応用編／支出

〈財務書類4表の相互関係〉

資金収支計算書（CF）

(収入)	(支出)
	公共施設等整備費支出 400,000
	差引 △400,000

行政コスト計算書（PL）

(費用)	(収益)
	純行政コスト

貸借対照表（BS）

(資産)	(負債)
建設仮勘定 400,000	
現金預金 △400,000	
	(純資産)
合計　　　0	合計　　　0

純資産変動計算書（NW）

(減少)	(増加)
純行政コスト	
差引	

- ◆ 建設仮勘定は有形固定資産に区分される勘定科目で、その工期が一会計年度を超える建設中の建物など、完成前の有形固定資産への支出等を仮に計上しておくための勘定科目であり、当該有形固定資産が完成した時点で本勘定に振り替える。
- ◆ 本例の場合、翌年度に建物が完成すれば以下の仕訳を行う。
  【残額100,000千円の支払い時】
  (借方) BS 建設仮勘定　100,000　(貸方) CF 公共施設等整備費支出　100,000
  【建物の引渡しを受けた時】
  (借方) BS 建物　500,000　　　　(貸方) BS 建設仮勘定　500,000
- ◆ 500,000千円の全額が「建物」に該当する場合はこのような仕訳になるが、実際は建物本体のほかに空調設備や各種備品などをあわせて整備することが多い。この場合の実際の仕訳は、次ページの「プラスα」を参照していただきたい。

プラスα

建物を建てたら全部「建物」？

　例えば建物を新築する場合、通常は建物本体のほかに空調や電気などの各種設備や備品などをあわせて整備し、一括して支払うことも多いと思う。この場合、当該支出額は全額「建物」として資産計上するのだろうか。

　答えはもちろんノーである。

　建物本体、空調設備、物品など、それぞれ内容や性質、耐用年数が異なる資産である。そのため、工事明細書などをもとに各勘定科目に区分するのである。

　右の図はあくまでイメージであるが、工事内容から勘定科目を判断し、一般管理費や消費税などの間接費は、各資産に金額按分などで加算し、各資産の取得価額を計算する。

　新設の工事を行う場合、仕訳の前にこの作業をする必要があるので、早めに準備しておきたい。

Ⅳ 応用編／支出

名称	金額
建築主体工事	6,000
電気設備工事	1,000
屋外付帯工事	1,000
一般管理費	2,000
消費税	800
合計	10,800

工事内容から勘定科目を判断

名称	勘定科目	金額	按分金額	合計
建築主体工事	建物	6,000	2,100	8,100
電気設備工事	建物附属設備	1,000	350	1,350
屋外付帯工事	工作物	1,000	350	1,350
一般管理費	各資産に金額按分	2,000		
消費税	各資産に金額按分	800	2,800	
合計		10,800	2,800	10,800

第2章 実際に仕訳をしてみよう！

V 応用編／非資金取引（お金が動かない取引）

1. 土地の寄附を受けたとき

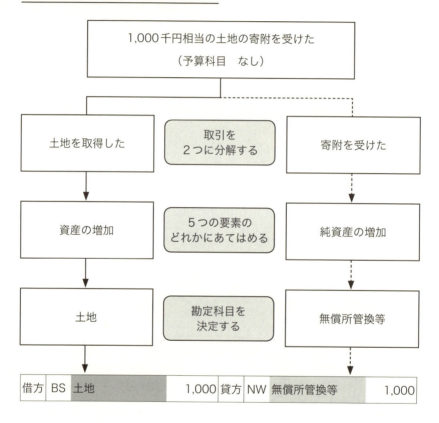

Ⅴ 応用編／非資金取引（お金が動かない取引）

〈財務書類４表の相互関係〉

資金収支計算書（CF）

(収入)	(支出)
	差引

行政コスト計算書（PL）

(費用)	(収益)
	純行政コスト

貸借対照表（BS）

(資産)	(負債)
土地　　1,000	
	(純資産)　　1,000
合計　　1,000	合計　　1,000

純資産変動計算書（NW）

(減少)	(増加)
	無償所管換等　　1,000
差引　　1,000	

◆ 簿記上の取引は、現金が動く取引だけとは限らない。「資産、負債、純資産、収益、費用」の５つの要素のいずれかが増減する取引であり、本例も資産が増加するため、簿記上の取引に該当する。
◆ 有形固定資産のうち、適正な対価を支払わずに取得したものについては、原則として再調達原価(*)により評価する（ただし、無償で移管を受けた道路、河川及び水路の敷地については、原則として備忘価額１円とする）。
　（*）再調達原価とは、購買市場と売却市場とが区別される場合における購買市場の時価に、購入に付随する費用を加算したものをいう。少し乱暴にいえば「今買ったらいくらになるか」という金額である。
◆ 無償で資産を取得した場合は経済的利益が生じるため、企業会計では「受贈益」という勘定科目の収益に該当するが、公会計において収益に計上されるのは使用料及び手数料といった毎年経常的に発生する行政コストを一部補塡する程度のものに限られるため、収益ではなく純資産の増加に該当する。
◆ 統一的な基準の導入後に、それ以前から保有する固定資産の漏れが判明し、固定資産台帳に追加する際の仕訳も本例と同様である。

第2章 実際に仕訳をしてみよう！

2. 固定資産の減価償却

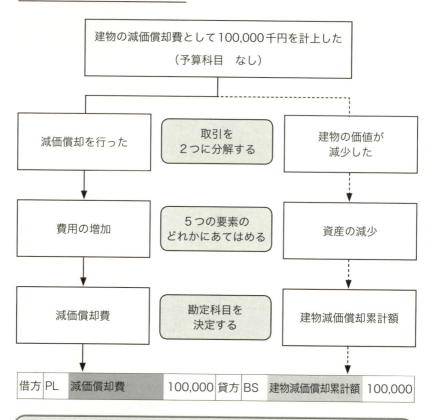

◆「建物」から直接減価償却分を引いて、「建物　80」と表示してもいいが、下のように表示すると、建物の取得価額、今までの減価償却費の累計や現在の帳簿上の価値がわかりやすいため、固定資産のマイナスを意味する「建物減価償却累計額」という勘定科目を使用する。

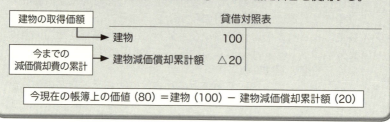

Ⅴ 応用編／非資金取引（お金が動かない取引）

〈財務書類4表の相互関係〉

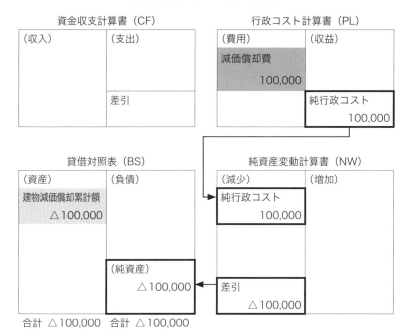

- ◆減価償却の内容については、第1章の31ページ以下参照。
- ◆貸方（右側）の勘定科目「減価償却累計額」は、当該有形固定資産の取得価額を間接的に控除するための勘定科目である（間接的に控除する方法を「間接法」という）。
- ◆有形固定資産の減価償却は原則として間接法により表示し、「減価償却累計額」の前に、対象となる有形固定資産の勘定科目を付ける（本例の場合は「建物」）。
- ◆他方、無形固定資産の減価償却の場合は、原則として当該無形固定資産の取得価額から減価償却累計額を直接控除する（直接控除する方法を「直接法」という）。
  したがって無形固定資産を減価償却する場合の貸方（右側）の勘定科目は、当該無形固定資産の勘定科目そのものになる。

第2章 実際に仕訳をしてみよう！

3. 建物を壊したとき

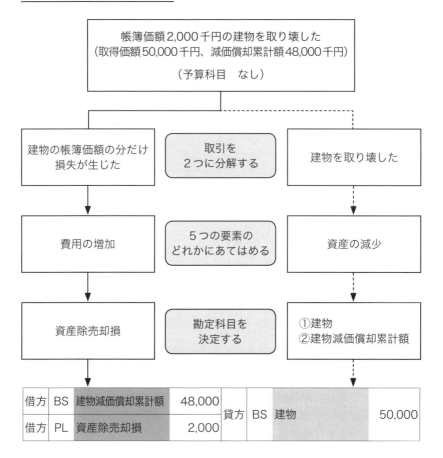

Ⅴ 応用編／非資金取引(お金が動かない取引)

〈財務書類4表の相互関係〉

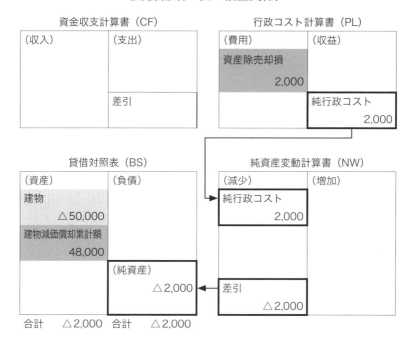

- ◆取壊しに伴って解体費用などが別途発生する場合、解体費用などを資産除売却損に含める。
- ◆建物の取壊しにより、帳簿価額2,000千円の建物はなくなるが、建物の帳簿価額は取得価額50,000千円－建物減価償却累計額48,000千円で表現しているため、両方を減少させる必要がある。
- ◆建物減価償却累計額は間接的に固定資産残高を減らすことで、取得価額や老朽化度合い(どのくらい減価償却が進んでいるか)を明らかにすることができるため、公会計では建物減価償却累計額を用いる。

第2章 実際に仕訳をしてみよう！

4. 未収金が発生したとき

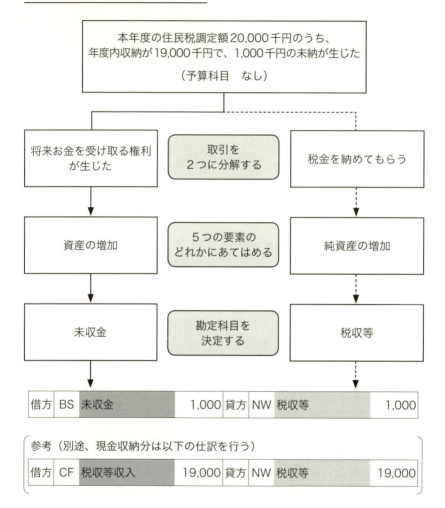

Ⅴ 応用編／非資金取引（お金が動かない取引）

〈財務書類4表の相互関係〉

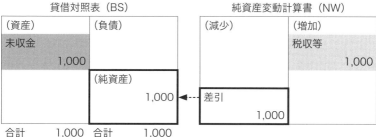

- ◆未収金とは、現年調定現年収入未済の収益及び財源をいう。
- ◆本例の仕訳は期末一括仕訳を前提としているが、日々仕訳の場合の仕訳は以下のとおりとなる（結果は同じである）。
  【賦課決定時】
  （借方）BS 未収金　　　20,000　（貸方）NW 税収等　20,000
  【収納時】
  （借方）CF 税収等収入　19,000　（貸方）BS 未収金　19,000
- ◆翌年度に収納した場合、翌年度に次の仕訳を行い、未収金を消し込む。
  （借方）CF 税収等収入　1,000　（貸方）BS 未収金　1,000
- ◆翌年度にも収納されなかった場合、翌年度の決算において次の仕訳を行い、未収金を長期延滞債権に振り替える。長期延滞債権とは、滞納繰越調定収入未済の収益及び財源をいう。
  （借方）BS 長期延滞債権　1,000　（貸方）BS 未収金　1,000
  ＊未収金を重複して計上しないように留意する。

第2章 実際に仕訳をしてみよう！

5. 未払金が発生したとき

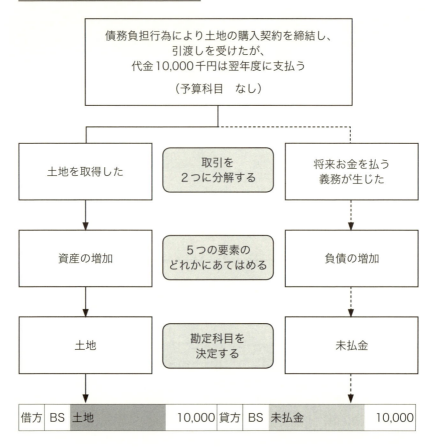

Ⅴ 応用編／非資金取引（お金が動かない取引）

〈財務書類４表の相互関係〉

資金収支計算書（CF）

（収入）	（支出）
	差引

行政コスト計算書（PL）

（費用）	（収益）
	純行政コスト

貸借対照表（BS）

（資産）	（負債）
土地　　10,000	未払金　　10,000
	（純資産）
合計　10,000	合計　10,000

純資産変動計算書（NW）

（減少）	（増加）
差引	

◆未払金とは、基準日時点までに支払義務発生の原因が生じており、その金額が確定し、または合理的に見積もることができるものをいう。

◆翌年度に支払った場合、翌年度に次の仕訳を行い、未払金を消し込む。
（借方）BS 未払金　10,000　　（貸方）CF 公共施設等整備費支出　10,000

第2章 実際に仕訳をしてみよう！

プラスα

未払金と未払費用、何が違う？

未払金と未払費用。よく似たコトバだが、何が違うのだろうか。

「統一的な基準による地方公会計マニュアル」の定義では、未払金は「基準日時点までに支払義務発生の原因が生じており、その金額が確定し、または合理的に見積もることができるもの」をいう。

一方、未払費用は「一定の契約に従い、継続して役務提供を受けている場合、基準日時点において既に提供された役務に対して未だその対価の支払を終えていないもの」をいう。

2つに共通するのは、「サービスの提供をすでに受けているが、支払いがまだ」ということである。支払いがまだでもサービスの提供を受けている以上、費用は増加するので簿記上の取引になる。

ポイントは「継続したサービスかどうか」「債務が確定しているかどうか」である。継続したサービスで、かつ、債務が確定していないものは未払費用であり、債務が確定しているものは未払金である。

3月の電話代を例に考えてみよう（3月決算を前提とする）。

毎月15日締めで翌月に請求書が届く場合、2月16日〜3月15日分の請求書が4月に届き、3月16日〜4月15日分の請求書が5月に届く。

この場合、「2月16日〜3月15日分」における1か月分のサービスの提供を既に受けているため、3月末時点で請求書は届いていないものの、債務は3月末時点で確定している。したがって、この期間分は「未払金」である。

他方、「3月16日～4月15日分」の1か月分のサービスの提供を、3月末時点ではすべて受けていないため、債務は3月末時点で確定していない。しかし継続したサービスとして、3月16日～3月31日分のサービスの提供は受けているため、この「3月16日～3月31日分」は「未払費用」となる。

　なお、「継続したサービス」ではないものは、そもそも未払費用にはならない。例えばモノを後払いで購入する場合や、継続ではない単発のサービスの提供を受ける場合はすべて未払金になる。

　少し乱暴にいえば、4月に届く請求書の多くは未払金となる。他方、継続したサービスに係る請求書であって、かつ、記載されている算定対象期間が3月末をまたぐものがあれば、3月末までの期間分は未払費用となる。

　ちなみに、未払費用は、継続したサービスにかかるものなので、通常は毎年、さほど金額の変動がないが、未払金は変動しやすい。したがって両者を区分することで、通常は変動があまりない未払費用に変動があれば、間違いや異常を知る手掛かりにもなる。

　自治体は出納整理期間があるため、いずれも発生することは少ないと思われるが、参考にしていただきたい。

第2章 実際に仕訳をしてみよう！

6. 徴収不能引当金の計上

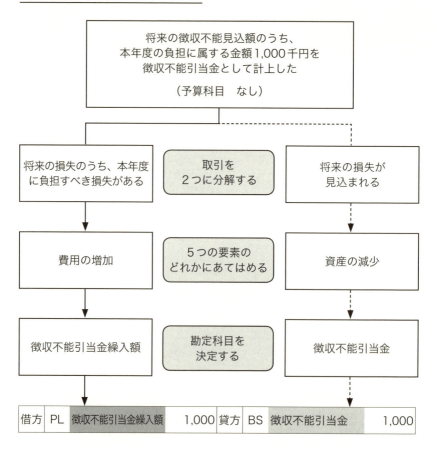

V 応用編／非資金取引（お金が動かない取引）

〈財務書類4表の相互関係〉

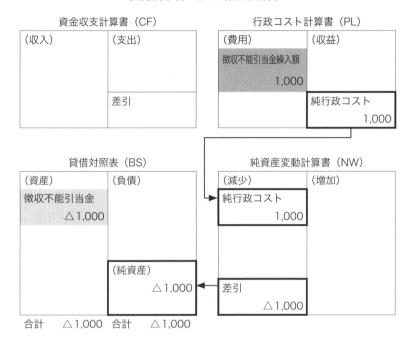

- ◆将来の特定の費用又は損失であって、その発生が本年度以前の事象に起因し、発生の可能性が高く、かつ、その金額を合理的に見積もることができる場合は、本年度の負担に属する金額を本年度の費用又は損失として引当金に繰り入れ、当該引当金の残高を貸借対照表の負債又は資産の部に表示する（資産の部に表示する場合はマイナスで表示する）。
これが引当金の基本的な考え方である。
- ◆徴収不能引当金は、債権全体又は同種・同類の債権ごとに、債権の状況に応じて求めた過去の徴収不能実績率など合理的な基準により算定する。ただし、徴収不能引当金の算定について、他の方法によることがより適当であると認められる場合には、当該方法により算定することができる。
- ◆徴収不能引当金は資産の控除科目として、貸借対照表の資産の部にマイナスで表示する。

7. 賞与等引当金の計上

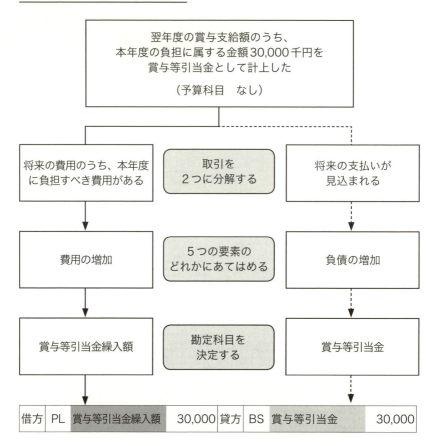

Ⅴ 応用編／非資金取引（お金が動かない取引）

〈財務書類４表の相互関係〉

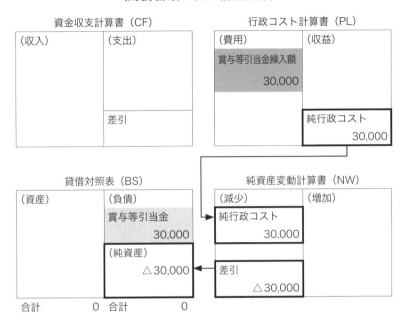

- ◆ ６月支給賞与の支給対象期間が12〜５月の６か月の場合、賞与等引当金は以下のとおり計算する。
    1. 在籍者に対する６月支給予定の期末・勤勉手当総額＋それらに係る法定福利費相当額
    2. 本年度支給対象期間４か月（12〜３月）
    3. 全支給対象期間６か月

  賞与等引当金＝①×②／③

8. 退職手当引当金の計上

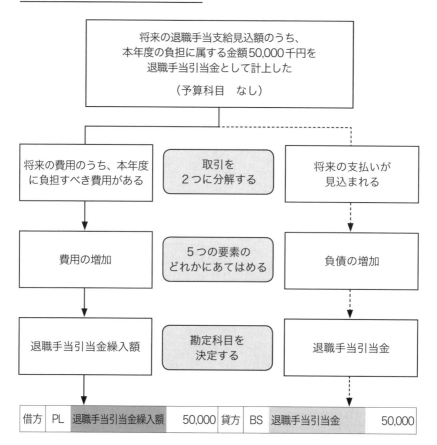

Ⅴ 応用編／非資金取引（お金が動かない取引）

〈財務書類4表の相互関係〉

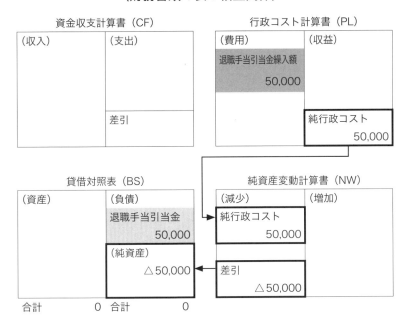

- ◆退職手当引当金の内容については、第1章の35ページ参照。
- ◆退職手当引当金は、将来支給が見込まれる退職手当のうち、既に労働提供が行われている部分について、原則として期末自己都合要支給額により算定する。
- ◆退職手当組合に加入している自治体が計上すべき退職手当引当金の額は、以下のとおり計算する。
  ① 当該自治体の退職手当債務（期末自己都合要支給額）
  ② 組合への加入時からの負担金の累計額
  ③ 既に組合から当該自治体の職員に対し退職手当として支給された額の総額
  ④ 組合における積立金額の運用益のうち当該自治体へ按分される額
  退職手当引当金＝①－（②－③）－④
- ◆退職手当組合への負担金は、補助金等（移転費用）として計上し、退職手当引当金繰入額・退職手当引当金に計上しない。

第3章
練習してみよう！

第3章 練習してみよう！

　この章では、第1章と第2章の理解度確認として、練習問題を用意した。

　第1章と第2章に目を通しているときには、理解した気になっていても、問題を解くために手を動かしてみると、理解できていなかったと気付くかもしれない。その確認作業として、有効活用してもらいたい。

　問題の構成は、大きく、個別問題編（問題1〜問題3）と総合問題編（問題4）に分かれている。

　個別問題編では、①仕訳作成問題（問題1）、②仕訳から合計残高試算表への転記（問題2）、③合計残高試算表から財務書類4表の作成（問題3）といった簿記一巡における各段階の問題を取り扱っている。

　総合問題編（問題4）では、各取引から財務書類4表を作成する。

　公会計の全体の流れを把握していただき、これまでの学習の集大成としていただければ幸いである。

＊解答の単位は千円とする。
＊本章では、財務書類の様式は一部簡略化している。正確な様式は参考資料に記載した。

本章で使用する勘定科目を下記に示す。問題を解く際は、以下の勘定科目を使用いただきたい。

	本章で使用する勘定科目
資　産	土地、建物、建物減価償却累計額、工作物、工作物減価償却累計額 物品、ソフトウェア、建設仮勘定 未収金、長期貸付金、財政調整基金、徴収不能引当金
負　債	地方債、未払金、退職手当引当金、賞与等引当金
純資産	税収等、国県等補助金、無償所管換等
収　益	使用料及び手数料、その他（経常収益）
費　用	職員給与費、賞与等引当金繰入額、退職手当引当金繰入額 物件費、維持補修費、減価償却費、徴収不能引当金繰入額 他会計への繰出金、資産除売却損
支　出	人件費支出、物件費等支出、他会計への繰出支出 公共施設等整備費支出、基金積立金支出、貸付金支出、地方債償還支出
収　入	税収等収入、国県等補助金収入（投資活動収入）、使用料及び手数料収入 その他の収入（業務収入）、基金取崩収入、貸付金元金回収収入 地方債発行収入

I 仕 訳

問題1 次の取引の仕訳を以下の例に従って答えなさい。

|例 題|

職員への給料として、54,000千円を支払った。

〈解答〉

| 借方 | PL | 職員給与費 | 54,000 | 貸方 | CF | 人件費支出 | 54,000 |

|問題・答案用紙|

1．消耗品を購入し、100千円を支払った。

| 借方 | | | 貸方 | | |

2．当月の電気料金256千円を支払った。

| 借方 | | | 貸方 | | |

3．既存建物の維持補修費1,500千円を支払った。

| 借方 | | | 貸方 | | |

4．当月の電話料金として145千円を支払った。

| 借方 | | | 貸方 | | |

5．建物の賃借料として2,500千円を支払った。

| 借方 | | | 貸方 | | |

I 仕 訳

解答・解説

1. 消耗品を購入し、100千円を支払った。

借方	PL	物件費	100	貸方	CF	物件費等支出	100

2. 当月の電気料金256千円を支払った。

借方	PL	物件費	256	貸方	CF	物件費等支出	256

3. 既存建物の維持補修費1,500千円を支払った。

借方	PL	維持補修費	1,500	貸方	CF	物件費等支出	1,500

4. 当月の電話料金として145千円を支払った。

借方	PL	物件費	145	貸方	CF	物件費等支出	145

5. 建物の賃借料として2,500千円を支払った。

借方	PL	物件費	2,500	貸方	CF	物件費等支出	2,500

第3章 練習してみよう！

問題・答案用紙

6．共済組合負担金として3,500千円を支払った。

借方			貸方		

7．財政調整基金100,000千円を造成した。

借方			貸方		

8．特別会計に250,000千円を繰り出した。

借方			貸方		

9．住民票等の交付を行い、当月は250千円収受した。

借方			貸方		

10．財政調整基金を30,000千円取り崩した。

借方			貸方		

I 仕 訳

解答・解説

6．共済組合負担金として3,500千円を支払った。

| 借方 | PL | 職員給与費 | 3,500 | 貸方 | CF | 人件費支出 | 3,500 |

7．財政調整基金100,000千円を造成した。

| 借方 | BS | 財政調整基金 | 100,000 | 貸方 | CF | 基金積立金支出 | 100,000 |

8．特別会計に250,000千円を繰り出した。

| 借方 | PL | 他会計への繰出金 | 250,000 | 貸方 | CF | 他会計への繰出支出 | 250,000 |

9．住民票等の交付を行い、当月は250千円収受した。

| 借方 | CF | 使用料及び手数料収入 | 250 | 貸方 | PL | 使用料及び手数料 | 250 |

10．財政調整基金を30,000千円取り崩した。

| 借方 | CF | 基金取崩収入 | 30,000 | 貸方 | BS | 財政調整基金 | 30,000 |

第3章 練習してみよう！

問題・答案用紙

11. 地方債200,000千円を発行した。

借方			貸方		

12. ソフトウェアを5,000千円で購入し、別途その管理委託費用として当年度分100千円を支払った。

借方			貸方		
借方			貸方		

13. 既存の校舎に対して、400,000千円で増築工事を実施するとともに、1,000千円で破損箇所の修繕を実施した。

借方			貸方		
借方			貸方		

14. パソコンを600千円で購入し、机を4台800千円（1台あたり200千円）で購入した。

借方			貸方		
借方			貸方		

15. 住民から住民税1,350千円を収受した。

借方			貸方		

解答・解説

11. 地方債200,000千円を発行した。

| 借方 | CF | 地方債発行収入 | 200,000 | 貸方 | BS | 地方債 | 200,000 |

12. ソフトウェアを5,000千円で購入し、別途その管理委託費用として当年度分100千円を支払った。

| 借方 | BS | ソフトウェア | 5,000 | 貸方 | CF | 公共施設等整備費支出 | 5,000 |
| 借方 | PL | 物件費 | 100 | 貸方 | CF | 物件費等支出 | 100 |

13. 既存の校舎に対して、400,000千円で増築工事を実施するとともに、1,000千円で破損箇所の修繕を実施した。

| 借方 | BS | 建物 | 400,000 | 貸方 | CF | 公共施設等整備費支出 | 400,000 |
| 借方 | PL | 維持補修費 | 1,000 | 貸方 | CF | 物件費等支出 | 1,000 |

14. パソコンを600千円で購入し、机を4台800千円(1台あたり200千円)で購入した。

| 借方 | BS | 物品 | 600 | 貸方 | CF | 公共施設等整備費支出 | 600 |
| 借方 | PL | 物件費 | 800 | 貸方 | CF | 物件費等支出 | 800 |

＊物品として資産計上する基準は81ページを参照。

15. 住民から住民税1,350千円を収受した。

| 借方 | CF | 税収等収入 | 1,350 | 貸方 | NW | 税収等 | 1,350 |

第3章 練習してみよう！

問題・答案用紙

16. 国から国庫補助金30,000千円を収受した。

借方			貸方		

17. 他会計から70,000千円の繰入金を収受した。

借方			貸方		

18. 長期貸付金の元本50,000千円とその利息500千円を受け取った。

借方			貸方		
借方			貸方		

19. 住民から45,000千円相当額の土地を受贈した。

借方			貸方		

20. 住民から3,000千円相当額の絵を受贈した。

借方			貸方		

解答・解説

16. 国から国庫補助金30,000千円を収受した。

| 借方 | CF | 国県等補助金収入 | 30,000 | 貸方 | NW | 国県等補助金 | 30,000 |

17. 他会計から70,000千円の繰入金を収受した。

| 借方 | CF | 税収等収入 | 70,000 | 貸方 | NW | 税収等 | 70,000 |

18. 長期貸付金の元本50,000千円とその利息500千円を受け取った。

| 借方 | CF | 貸付金元金回収収入 | 50,000 | 貸方 | BS | 長期貸付金 | 50,000 |
| 借方 | CF | その他の収入(業務収入) | 500 | 貸方 | PL | その他(経常収益) | 500 |

19. 住民から45,000千円相当額の土地を受贈した。

| 借方 | BS | 土地 | 45,000 | 貸方 | NW | 無償所管換等 | 45,000 |

20. 住民から3,000千円相当額の絵を受贈した。

| 借方 | BS | 物品 | 3,000 | 貸方 | NW | 無償所管換等 | 3,000 |

第3章 練習してみよう！

問題・答案用紙

21. 所有している建物（取得価額100,000千円、減価償却累計額95,000千円）を取り壊した。

借方			貸方		
借方					

22. 所有している公園遊具（取得価額1,500千円、減価償却累計額1,400千円）を除却した。

借方			貸方		
借方					

23. 本年度末に住民税1,000千円が未収となった。

借方		貸方		

24. 本年度末に土地を6,000千円で取得したが、支払いは翌年度となった。

借方		貸方		

解答・解説

21. 所有している建物（取得価額100,000千円、減価償却累計額95,000千円）を取り壊した。

借方	BS	建物減価償却累計額	95,000	貸方	BS	建物	100,000
借方	PL	資産除売却損	5,000				

＊資産除売却損＝取得価額100,000千円－減価償却累計額95,000千円

22. 所有している公園遊具（取得価額1,500千円、減価償却累計額1,400千円）を除却した。

借方	BS	工作物減価償却累計額	1,400	貸方	BS	工作物	1,500
借方	PL	資産除売却損	100				

＊資産除売却損＝取得価額1,500千円－減価償却累計額1,400千円

23. 本年度末に住民税1,000千円が未収となった。

借方	BS	未収金	1,000	貸方	NW	税収等	1,000

24. 本年度末に土地を6,000千円で取得したが、支払いは翌年度となった。

借方	BS	土地	6,000	貸方	BS	未払金	6,000

第3章 練習してみよう！

問題・答案用紙

25. 減価償却費として、建物分7,800千円、ソフトウェア分1,200千円をそれぞれ計上した。

借方			貸方		
借方			貸方		

26. 徴収不能引当金を2,500千円計上した。

借方			貸方		

27. 職員に対する次期の賞与支給に備え、賞与等引当金40,000千円を計上した。

借方			貸方		

28. 職員への退職金支給に備え、退職手当引当金10,000千円を計上した。

借方			貸方		

29. 以前から建設中であった新庁舎が完成したため、建設仮勘定に計上していた360,000千円を本勘定（建物）に振り替えた。

借方			貸方		

解答・解説

25. 減価償却費として、建物分7,800千円、ソフトウェア分1,200千円をそれぞれ計上した。

借方	PL	減価償却費	7,800	貸方	BS	建物減価償却累計額	7,800
借方	PL	減価償却費	1,200	貸方	BS	ソフトウェア	1,200

＊無形固定資産（ソフトウェア）の場合は、当該勘定から減価償却費を直接控除する。

26. 徴収不能引当金を2,500千円計上した。

借方	PL	徴収不能引当金繰入額	2,500	貸方	BS	徴収不能引当金	2,500

27. 職員に対する次期の賞与支給に備え、賞与等引当金40,000千円を計上した。

借方	PL	賞与等引当金繰入額	40,000	貸方	BS	賞与等引当金	40,000

28. 職員への退職金支給に備え、退職手当引当金10,000千円を計上した。

借方	PL	退職手当引当金繰入額	10,000	貸方	BS	退職手当引当金	10,000

29. 以前から建設中であった新庁舎が完成したため、建設仮勘定に計上していた360,000千円を本勘定（建物）に振り替えた。

借方	BS	建物	360,000	貸方	BS	建設仮勘定	360,000

第3章 練習してみよう！

補足

　第1章と第2章では仕訳や財務書類4表の相互関係を重視していたため説明を省略したが、仕訳作成のあとは仕訳を「総勘定元帳」に転記する。そして、総勘定元帳の借方合計、貸方合計と残高（借方と貸方の差引）を合計残高試算表に記入して作成する。

◆財務書類4表作成の流れ◆

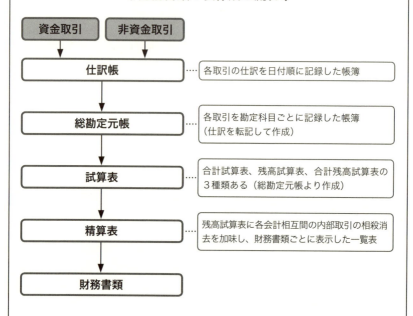

　総勘定元帳とは、簡単に言えば仕訳を勘定科目ごとに集計した帳簿である。また、同じ勘定科目を集計する場所を「勘定口座」という。次の例で確認していただきたい。

I 仕 訳

【当年度の仕訳（一部抜粋）】

4/15	（借方）	使用料及び手数料収入	10	（貸方）	使用料及び手数料	10
5/20	（借方）	物品	300	（貸方）	公共施設等整備費支出	300
6/4	（借方）	物件費	20	（貸方）	物件費等支出	20
7/17	（借方）	使用料及び手数料収入	30	（貸方）	使用料及び手数料	30
8/6	（借方）	地方債発行収入	400	（貸方）	地方債	400
8/8	（借方）	物件費	10	（貸方）	物件費等支出	10

【前年度の貸借対照表（一部抜粋）】

貸借対照表

| 物品 | 700 | 地方債 | 500 |
| 現金預金 | 600 | | |

■仕訳を転記して総勘定元帳を作成

総 勘 定 元 帳

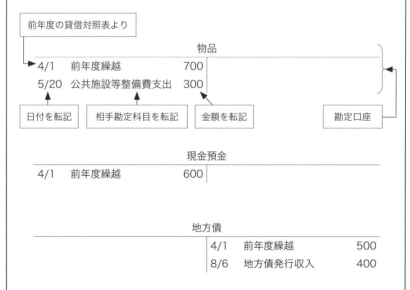

第3章 練習してみよう！

	物件費	
6/4 物件費等支出	20	
8/8 物件費等支出	10	

	使用料及び手数料	
	4/15 使用料及び手数料収入	10
	7/17 使用料及び手数料収入	30

	物件費等支出	
	6/4 物件費	20
	8/8 物件費	10

	使用料及び手数料収入	
4/15 使用料及び手数料	10	
7/17 使用料及び手数料	30	

	公共施設等整備費支出	
	5/20 物品	300

	地方債発行収入	
8/6 地方債	400	

■総勘定元帳の各勘定の借方合計、貸方合計、残高を合計残高試算表へ記入

Ⅰ 仕　訳

合計残高試算表

借方残高	借方合計	勘定科目	貸方合計	貸方残高
1,000	1,000	物品		
600	600	現金預金		
		地方債	900	900
30	30	物件費		
		使用料及び手数料	40	40
		物件費等支出	30	30
40	40	使用料及び手数料収入		
		公共施設等整備費支出	300	300
400	400	地方債発行収入		
⋮				
●●	××	合　計	××	●●

（借方合計と貸方合計が一致する／借方残高と貸方残高が一致する）

　合計残高試算表の借方の合計と貸方の合計は必ず一致する。一致しない場合は、仕訳が正しく総勘定元帳に転記されていないか、試算表へ記入する際に集計に間違いがあったことが考えられる（今回の例では一部抜粋のため、合計残高試算表の合計は記入していない）。

　また、合計試算表を作成する際には、前年度末残高（前年度繰越）を集計することを忘れないようにしなければならない。

合計残高試算表

借方残高	借方合計	勘定科目	貸方合計	貸方残高
1,000	1,000	物品		
600	600	現金預金		
		地方債	900	900
		⋮		
●●	××	合　計	××	●●

前年度末残高＋当年度の取引＋決算整理仕訳

149

Ⅱ 仕訳と合計残高試算表

問題2　以下の資料を参照して、①各取引の仕訳を行い、②合計残高試算表を作成しなさい。

|資　料|

〈期中の取引〉

3月 1日　国から補助金として150,000千円を受け取った。

3月 4日　住民から住民税380,000千円を収受した。

3月 5日　地方債250,000千円を発行した。

3月15日　庁舎の電気料金350千円を支払った。

3月20日　職員に給料4,500千円を支払った。

3月25日　公共施設の使用料2,500千円を収受した。

3月26日　新しい建物を建設し、700,000千円を支払った。

3月28日　消耗品を250千円分購入した。

3月31日　賞与等引当金を5,000千円計上した。

Ⅱ 仕訳と合計残高試算表

答案用紙

① 各取引の仕訳

3月1日

借方			貸方		

3月4日

借方			貸方		

3月5日

借方			貸方		

3月15日

借方			貸方		

3月20日

借方			貸方		

3月25日

借方			貸方		

3月26日

借方			貸方		

3月28日

借方			貸方		

3月31日

借方			貸方		

第3章 練習してみよう！

② 合計残高試算表

借方残高	借方合計	勘定科目	貸方合計	貸方残高
		建物		
		地方債		
		賞与等引当金		
		職員給与費		
		賞与等引当金繰入額		
		物件費		
		使用料及び手数料		
		税収等		
		国県等補助金		
		人件費支出		
		物件費等支出		
		税収等収入		
		使用料及び手数料収入		
		国県等補助金収入		
		公共施設等整備費支出		
		地方債発行収入		
		資金勘定小計		
		合　計		

解答・解説

① 各取引の仕訳（単位：千円）

3月1日

| 借方 | CF | 国県等補助金収入 | 150,000 | 貸方 | NW | 国県等補助金 | 150,000 |

3月4日

| 借方 | CF | 税収等収入 | 380,000 | 貸方 | NW | 税収等 | 380,000 |

3月5日

| 借方 | CF | 地方債発行収入 | 250,000 | 貸方 | BS | 地方債 | 250,000 |

3月15日

| 借方 | PL | 物件費 | 350 | 貸方 | CF | 物件費等支出 | 350 |

3月20日

| 借方 | PL | 職員給与費 | 4,500 | 貸方 | CF | 人件費支出 | 4,500 |

3月25日

| 借方 | CF | 使用料及び手数料収入 | 2,500 | 貸方 | PL | 使用料及び手数料 | 2,500 |

3月26日

| 借方 | BS | 建物 | 700,000 | 貸方 | CF | 公共施設等整備費支出 | 700,000 |

3月28日

| 借方 | PL | 物件費 | 250 | 貸方 | CF | 物件費等支出 | 250 |

3月31日

| 借方 | PL | 賞与等引当金繰入額 | 5,000 | 貸方 | BS | 賞与等引当金 | 5,000 |

② 合計残高試算表

借方残高	借方合計	勘定科目	貸方合計	貸方残高
700,000	700,000	建物		
		地方債	250,000	250,000
		賞与等引当金	5,000	5,000
4,500	4,500	職員給与費		
5,000	5,000	賞与等引当金繰入額		
600	600	物件費		
		使用料及び手数料	2,500	2,500
		税収等	380,000	380,000
		国県等補助金	150,000	150,000
		人件費支出	4,500	4,500
		物件費等支出	600	600
380,000	380,000	税収等収入		
2,500	2,500	使用料及び手数料収入		
150,000	150,000	国県等補助金収入		
		公共施設等整備費支出	700,000	700,000
250,000	250,000	地方債発行収入		
782,500	782,500	資金勘定小計	705,100	705,100
1,492,600	1,492,600	合　計	1,492,600	1,492,600

一致する

一致する

＊物件費・物件費等支出
　3月15日の仕訳　350千円 ＋ 3月28日の仕訳　250千円
＊資金勘定小計
　資金収支計算書（CF）を構成する勘定科目の合計
＊合計
　借方の合計と貸方の合計は必ず一致する

III 財務書類4表の作成

問題3　以下の資料を参照して、財務書類（貸借対照表、行政コスト計算書、純資産変動計算書、資金収支計算書）を作成しなさい。

合計残高試算表

借方残高	借方合計	勘定科目	貸方合計	貸方残高
100,000	100,000	土地		
250,000	250,000	建物		
		建物減価償却累計額	5,000	5,000
30,000	150,000	未収金	120,000	
		地方債	300,000	300,000
		退職手当引当金	40,000	40,000
		賞与等引当金	15,000	15,000
25,000	25,000	職員給与費		
15,000	15,000	賞与等引当金繰入額		
40,000	40,000	退職手当引当金繰入額		
37,000	37,000	物件費		
5,000	5,000	減価償却費		
3,000	3,000	支払利息		
		使用料及び手数料	6,500	6,500
		税収等	150,000	150,000
		国県等補助金	80,000	80,000
		人件費支出	25,000	25,000
		物件費等支出	37,000	37,000
		支払利息支出	3,000	3,000
120,000	120,000	税収等収入		
6,500	6,500	使用料及び手数料収入		
		公共施設等整備費支出	350,000	350,000
80,000	80,000	国県等補助金収入（投資活動収入）		
300,000	300,000	地方債発行収入		
506,500	506,500	資金勘定小計	415,000	415,000
1,011,500	1,131,500	合　計	1,131,500	1,011,500

第3章 練習してみよう！

答案用紙

貸借対照表

科　目	金　額	科　目	金　額
【資産の部】		【負債の部】	
固定資産		固定負債	
土地		地方債	
建物		退職手当引当金	
建物減価償却累計額			
		流動負債	
流動資産		賞与等引当金	
現金預金			
未収金		負債合計	
		【純資産の部】	
		固定資産等形成分	
		余剰分（不足分）	
		純資産合計	
資産合計		負債及び純資産合計	

行政コスト計算書

科　目	金　額
経常費用	
業務費用	
職員給与費	
賞与等引当金繰入額	
退職手当引当金繰入額	
物件費	
減価償却費	
支払利息	
経常収益	
使用料及び手数料	
純経常行政コスト	
純行政コスト	

第3章 練習してみよう！

純資産変動計算書

科　目	合　計	固定資産等形成分	余剰分（不足分）
前年度末純資産残高	—	—	—
純行政コスト（△）			
財源			
税収等			
国県等補助金			
本年度差額			
固定資産等の変動（内部変動）			
有形固定資産等の増加			
有形固定資産等の減少			
本年度純資産変動額			
本年度末純資産残高			

III 財務書類4表の作成

資金収支計算書

科　目	金　額
【業務活動収支】	
業務支出	
業務費用支出	
人件費支出	
物件費等支出	
支払利息支出	
業務収入	
税収等収入	
使用料及び手数料収入	
業務活動収支	
【投資活動収支】	
投資活動支出	
公共施設等整備費支出	
投資活動収入	
国県等補助金収入	
投資活動収支	
【財務活動収支】	
財務活動収入	
地方債発行収入	
財務活動収支	
本年度資金収支額	
前年度末資金残高	―
本年度末資金残高	

第3章 練習してみよう！

解答

貸借対照表

科　目	金　額	科　目	金　額
【資産の部】		【負債の部】	
固定資産		固定負債	
土地	100,000	地方債	300,000
建物	250,000	退職手当引当金	40,000
建物減価償却累計額	△5,000		
		流動負債	
流動資産		賞与等引当金	15,000
現金預金	91,500		
未収金	30,000	負債合計	355,000
		【純資産の部】	
		固定資産等形成分	345,000
		余剰分（不足分）	△233,500
		純資産合計	111,500
資産合計	466,500	負債及び純資産合計	466,500

行政コスト計算書

科　目	金　額
経常費用	
業務費用	
職員給与費	25,000
賞与等引当金繰入額	15,000
退職手当引当金繰入額	40,000
物件費	37,000
減価償却費	5,000
支払利息	3,000
経常収益	
使用料及び手数料	6,500
純経常行政コスト	△118,500
純行政コスト	△118,500

第3章 練習してみよう！

純資産変動計算書

科　目	合　計	固定資産等形成分	余剰分（不足分）
前年度末純資産残高	—	—	—
純行政コスト（△）	△118,500		△118,500
財源	230,000		230,000
税収等	150,000		150,000
国県等補助金	80,000		80,000
本年度差額	111,500		111,500
固定資産等の変動（内部変動）		345,000	△345,000
有形固定資産等の増加		350,000	△350,000
有形固定資産等の減少		△5,000	5,000
本年度純資産変動額	111,500	345,000	△233,500
本年度末純資産残高	111,500	345,000	△233,500

Ⅲ 財務書類4表の作成

資金収支計算書

科　目	金　額
【業務活動収支】	
業務支出	
業務費用支出	
人件費支出	25,000
物件費等支出	37,000
支払利息支出	3,000
業務収入	
税収等収入	120,000
使用料及び手数料収入	6,500
業務活動収支	61,500
【投資活動収支】	
投資活動支出	
公共施設等整備費支出	350,000
投資活動収入	
国県等補助金収入	80,000
投資活動収支	△270,000
【財務活動収支】	
財務活動収入	
地方債発行収入	300,000
財務活動収支	300,000
本年度資金収支額	91,500
前年度末資金残高	―
本年度末資金残高	91,500

第3章 練習してみよう！

解 説

Step1 合計残高試算表からどの財務書類へ転記するか確認する。

合計残高試算表

借方残高	借方合計	勘定科目	貸方合計	貸方残高	
100,000	100,000	土地			
250,000	250,000	建物			
		建物減価償却累計額	5,000	5,000	貸借対照表へ
30,000	150,000	未収金	120,000		
		地方債	300,000	300,000	
		退職手当引当金	40,000	40,000	
		賞与等引当金	15,000	15,000	
25,000	25,000	職員給与費			
15,000	15,000	賞与等引当金繰入額			
40,000	40,000	退職手当引当金繰入額			
37,000	37,000	物件費			行政コスト計算書へ
5,000	5,000	減価償却費			
3,000	3,000	支払利息			
		使用料及び手数料	6,500	6,500	
		税収等	150,000	150,000	純資産変動計算書へ
		国県等補助金	80,000	80,000	
		人件費支出	25,000	25,000	
		物件費等支出	37,000	37,000	
		支払利息支出	3,000	3,000	
120,000	120,000	税収等収入			
6,500	6,500	使用料及び手数料収入			資金収支計算書へ
		公共施設等整備費支出	350,000	350,000	
80,000	80,000	国県等補助金収入（投資活動収入）			
300,000	300,000	地方債発行収入			
506,500	506,500	資金勘定小計	415,000	415,000	
1,011,500	1,131,500	合　計	1,131,500	1,011,500	

Step2 行政コスト計算書へ転記する。

今回の問題では、「経常費用」から「経常収益」を差し引いた「純経常行政コスト」の118,500千円が「純行政コスト」となる。

「純行政コスト」を純資産変動計算書の「純行政コスト」へ転記する。

Ⅲ 財務書類4表の作成

Step3 純資産変動計算書へ転記する。

「前年度末純資産残高」はこの問題では出てこないので、すべて「―」とする。

「純行政コスト」は、「行政コスト計算書」より転記済み。⇒「合計」へ転記する。

「税収等」と「国県等補助金」は合計残高試算表より転記。⇒「合計」へ転記する。

「純行政コスト」と「財源」（税収等と国県等補助金）の差額である「本年度差額」を計算する。

次に、「固定資産等の変動」の部分を考える。

純資産には、「固定資産等形成分」と「余剰分（不足分）」の2つの内訳がある。純資産のうち、固定資産等へ変化したものが「固定資産等形成分」となり、それ以外が「余剰分（不足分）」となる。

「固定資産等形成分」が増加すると、もう一方の純資産の内訳の「余剰分（不足分）」が減少することになり、また、「固定資産等形成分」が減少するともう一方の純資産の内訳の「余剰分（不足分）」は増加することになる。

第3章 練習してみよう！

純資産
固定資産等形成分
余剰分（不足分）

固定資産等形成分が増えると
→
余剰分（不足分）が減る

純資産
固定資産等形成分
余剰分（不足分）

それでは、「固定資産等の変動」の部分を記入する。

合計残高試算表の「公共施設等整備費支出」を「有形固定資産等の増加」の「固定資産等形成分」へ転記する。

「減価償却費」を「有形固定資産等の減少」の「固定資産等形成分」へ転記する。そして、「固定資産等形成分」の右側の「余剰分（不足分）」にはプラスマイナスを逆にした数字を転記する。

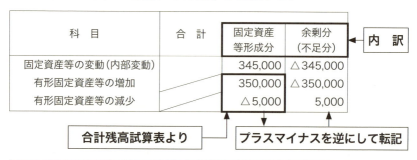

科　目	合　計	固定資産等形成分	余剰分（不足分）
固定資産等の変動(内部変動)		345,000	△345,000
有形固定資産等の増加		350,000	△350,000
有形固定資産等の減少		△5,000	5,000

合計残高試算表より　　プラスマイナスを逆にして転記　　内訳

科　目	合　計	固定資産等形成分	余剰分（不足分）
前年度末純資産残高	―	―	―
純行政コスト（△）	△118,500		△118,500
財源	230,000		230,000
税収等	150,000		150,000
国県等補助金	80,000		80,000
本年度差額	111,500		111,500
固定資産等の変動(内部変動)		345,000	△345,000
有形固定資産等の増加		350,000	△350,000
有形固定資産等の減少		△5,000	5,000
本年度純資産変動額	111,500	345,000	△233,500
本年度末純資産残高	111,500	345,000	△233,500

↓
貸借対照表の純資産へ

III 財務書類4表の作成

Step4 資金収支計算書へ転記する。

科　目	金　額
【業務活動収支】	
業務支出	
業務費用支出	
人件費支出	25,000
物件費等支出	37,000
支払利息支出	3,000
業務収入	
税収等収入	120,000
使用料及び手数料収入	6,500
業務活動収支	61,500
【投資活動収支】	
投資活動支出	
公共施設等整備費支出	350,000
投資活動収入	
国県等補助金収入	80,000
投資活動収支	△270,000
【財務活動収支】	
財務活動収入	
地方債発行収入	300,000
財務活動収支	300,000
本年度資金収支額	91,500
前年度末資金残高	－
本年度末資金残高	91,500

貸借対照表の現金預金へ

合計残高試算表

借方残高	借方合計	勘定科目	貸方合計	貸方残高
506,500	506,500	資金勘定小計	415,000	415,000

借方残高506,500 － 貸方残高415,000 ＝ 91,500 ← 一致する

167

第3章 練習してみよう！

Step5 貸借対照表へ転記する。

科　目	金　額	科　目	金　額
【資産の部】		【負債の部】	
固定資産		固定負債	
土地	100,000	地方債	300,000
建物	250,000	退職手当引当金	40,000
建物減価償却累計額	△5,000		
		流動負債	
流動資産		賞与等引当金	15,000
現金預金	91,500		
未収金	30,000	負債合計	355,000
		【純資産の部】	
		固定資産等形成分	345,000
		余剰分（不足分）	△233,500
		純資産合計	111,500
資産合計	466,500	負債及び純資産合計	466,500

一致する

資金収支計算書より　　純資産変動計算書より

Ⅳ 総合問題

問題4　以下の資料から、財務書類（貸借対照表、行政コスト計算書、純資産変動計算書、資金収支計算書）を作成しなさい。

答案用紙には、各取引の仕訳記入、合計残高試算表の作成、財務書類の作成の順に様式を用意しているので、この流れに沿って作成しなさい。

(1) 当年度の取引内容は、下記のとおりである。

① 国から地方交付税1,000,000千円を収受した。

② 住民向けサービスの対価として、使用料及び手数料200,000千円を収受した。

③ 職員の給料として、480,000千円を支払った。

④ 建物の建設代金200,000千円及び、既存建物の維持補修費50,000千円を支払った。

⑤ 建物建設のため国庫補助金100,000千円を収受した。

⑥ 建物建設のため地方債100,000千円を発行した。

⑦ 建物の賃借料や光熱水費、消耗品費の合計として物件費300,000千円を支払った。

⑧ 外郭団体に20,000千円（貸付期間2年）を貸し付けた。

⑨ 建物について、減価償却費20,000千円を計上する。

⑩ 賞与等引当金15,000千円を計上する。

⑪ 退職手当引当金18,000千円を計上する。

第3章 練習してみよう！

(2) 前年度末の貸借対照表は、下記のとおりである。

貸借対照表

科　目	金　額	科　目	金　額
【資産の部】		【負債の部】	
固定資産		固定負債	
有形固定資産		地方債	300,000
土地	50,000		
建物	250,000		
建物減価償却累計額	△50,000	負債合計	300,000
流動資産		【純資産の部】	
現金預金	150,000	固定資産等形成分	250,000
		余剰分（不足分）	△150,000
		純資産合計	100,000
資産合計	400,000	負債及び純資産合計	400,000

答案用紙

(1) 当年度の取引の仕訳記入

① 国から地方交付税1,000,000千円を収受した。

借方			貸方		

② 住民向けサービスの対価として、使用料及び手数料収入200,000千円を収受した。

借方			貸方		

③ 職員の給料として、480,000千円を支払った。

借方			貸方		

④ 建物の建設代金200,000千円及び、既存建物の維持補修費50,000千円を支払った。

借方			貸方		
借方			貸方		

⑤ 建物建設のため国庫補助金100,000千円を収受した。

借方			貸方		

⑥ 建物建設のため地方債100,000千円を発行した。

借方			貸方		

第3章 練習してみよう！

⑦ 建物の賃借料や光熱水費、消耗品費の合計として物件費300,000千円を支払った。

借方			貸方		

⑧ 外郭団体に20,000千円（貸付期間2年）を貸し付けた。

借方			貸方		

⑨ 建物について、減価償却費20,000千円を計上する。

借方			貸方		

⑩ 賞与等引当金15,000千円を計上する。

借方			貸方		

⑪ 退職手当引当金18,000千円を計上する。

借方			貸方		

(2) 合計残高試算表の作成

合計残高試算表

借方残高	借方合計	勘定科目	貸方合計	貸方残高
		土地		
		建物		
		建物減価償却累計額		
		長期貸付金		
		現金預金		
		地方債		
		退職手当引当金		
		賞与等引当金		
		固定資産等形成分		
		余剰分（不足分）		
		職員給与費		
		賞与等引当金繰入額		
		退職手当引当金繰入額		
		物件費		
		維持補修費		
		減価償却費		
		使用料及び手数料		
		税収等		
		国県等補助金		
		人件費支出		
		物件費等支出		
		税収等収入		
		使用料及び手数料収入		
		公共施設等整備費支出		
		貸付金支出		
		国県等補助金収入（投資活動収入）		
		地方債発行収入		
		資金勘定小計		
		合　計		

(3) 財務書類の作成

貸借対照表

科　目	金　額	科　目	金　額
【資産の部】		【負債の部】	
		固定負債	
固定資産		地方債	
土地		退職手当引当金	
建物			
建物減価償却累計額		流動負債	
長期貸付金		賞与等引当金	
流動資産		負債合計	
現金預金		【純資産の部】	
		固定資産等形成分	
		余剰分（不足分）	
		純資産合計	
資産合計		負債及び純資産合計	

行政コスト計算書

科　目	金　額
経常費用	
業務費用	
職員給与費	
賞与等引当金繰入額	
退職手当引当金繰入額	
物件費	
維持補修費	
減価償却費	
経常収益	
使用料及び手数料	
純経常行政コスト	
純行政コスト	

第3章 練習してみよう！

純資産変動計算書

科　目	合　計	固定資産等形成分	余剰分（不足分）
前年度末純資産残高			
純行政コスト（△）			
財源			
税収等			
国県等補助金			
本年度差額			
固定資産等の変動（内部変動）			
有形固定資産等の増加			
有形固定資産等の減少			
貸付金・基金等の増加			
本年度純資産変動額			
本年度末純資産残高			

資金収支計算書

科　目	金　額
【業務活動収支】	
業務支出	
業務費用支出	
人件費支出	
物件費等支出	
業務収入	
税収等収入	
使用料及び手数料収入	
業務活動収支	
【投資活動収支】	
投資活動支出	
公共施設等整備費支出	
貸付金支出	
投資活動収入	
国県等補助金収入	
投資活動収支	
【財務活動収支】	
財務活動収入	
地方債発行収入	
財務活動収支	
本年度資金収支額	
前年度末資金残高	
本年度末資金残高	

第3章 練習してみよう！

解答・解説

（1）当年度の取引の仕訳記入

① 国から地方交付税1,000,000千円を収受した。

借方	CF	税収等収入	1,000,000	貸方	NW	税収等	1,000,000

② 住民向けサービスの対価として、使用料及び手数料収入200,000千円を収受した。

借方	CF	使用料及び手数料収入	200,000	貸方	PL	使用料及び手数料	200,000

③ 職員の給料として、480,000千円支払った。

借方	PL	職員給与費	480,000	貸方	CF	人件費支出	480,000

④ 建物の建設代金200,000千円及び、既存建物の維持補修費50,000千円を支払った。

借方	BS	建物	200,000	貸方	CF	公共施設等整備費支出	200,000
借方	PL	維持補修費	50,000	貸方	CF	物件費等支出	50,000

⑤ 建物建設のため国庫補助金100,000千円を収受した。

借方	CF	国県等補助金収入（投資活動収入）	100,000	貸方	NW	国県等補助金	100,000

⑥ 建物建設のため地方債100,000千円を発行した。

借方	CF	地方債発行収入	100,000	貸方	BS	地方債	100,000

⑦ 建物の賃借料や光熱水費、消耗品費の合計として物件費300,000千円を支払った。

| 借方 | PL | 物件費 | 300,000 | 貸方 | CF | 物件費等支出 | 300,000 |

⑧ 外郭団体に20,000千円（貸付期間2年）を貸し付けた。

| 借方 | BS | 長期貸付金 | 20,000 | 貸方 | CF | 貸付金支出 | 20,000 |

⑨ 建物について、減価償却費20,000千円を計上する。

| 借方 | PL | 減価償却費 | 20,000 | 貸方 | BS | 建物減価償却累計額 | 20,000 |

⑩ 賞与等引当金15,000千円を計上する。

| 借方 | PL | 賞与等引当金繰入額 | 15,000 | 貸方 | BS | 賞与等引当金 | 15,000 |

⑪ 退職手当引当金18,000千円を計上する。

| 借方 | PL | 退職手当引当金繰入額 | 18,000 | 貸方 | BS | 退職手当引当金 | 18,000 |

(2) 合計残高試算表の作成

合計残高試算表

借方残高	借方合計	勘定科目	貸方合計	貸方残高	
50,000	50,000	土地			
450,000	450,000	建物			
		建物減価償却累計額	70,000	70,000	
20,000	20,000	長期貸付金			
150,000	150,000	現金預金			①
		地方債	400,000	400,000	
		退職手当引当金	18,000	18,000	
		賞与等引当金	15,000	15,000	
		固定資産等形成分	250,000	250,000	
		余剰分（不足分）	△150,000	△150,000	
480,000	480,000	職員給与費			
15,000	15,000	賞与等引当金繰入額			
18,000	18,000	退職手当引当金繰入額			
300,000	300,000	物件費			②
50,000	50,000	維持補修費			
20,000	20,000	減価償却費			
		使用料及び手数料	200,000	200,000	
		税収等	1,000,000	1,000,000	③
		国県等補助金	100,000	100,000	
		人件費支出	480,000	480,000	
		物件費等支出	350,000	350,000	
1,000,000	1,000,000	税収等収入			
200,000	200,000	使用料及び手数料収入			
		公共施設等整備費支出	200,000	200,000	④
		貸付金支出	20,000	20,000	
100,000	100,000	国県等補助金収入（投資活動収入）			
100,000	100,000	地方債発行収入			
1,400,000	1,400,000	資金勘定小計	1,050,000	1,050,000	
2,953,000	2,953,000	合　計	2,953,000	2,953,000	

前年度末残高＋当年度の取引＋決算整理仕訳

↓

> ・建物：前年度末残高250,000＋当年度変動額200,000＝450,000
> ・建物減価償却累計額：前年度末残高50,000＋当年度変動額20,000
>   ＝70,000
> ・地方債：前年度末残高300,000＋当年度変動額100,000＝400,000

（3）財務書類の作成

①の部分を貸借対照表へ転記する（ただし、**現金預金、固定資産等形成分と余剰分（不足分）は転記しない**。①の数字は前年度末の金額であり、純資産変動計算書や資金収支計算書の完成後に転記する）。

②の部分を行政コスト計算書へ転記する。

③の部分を純資産変動計算書へ転記する。

④の部分を資金収支計算書へ転記する。

第3章 練習してみよう！

貸借対照表

科　目	金　額	科　目	金　額
【資産の部】		【負債の部】	
		固定負債	
固定資産		地方債	400,000
土地	50,000	退職手当引当金	18,000
建物	450,000		
建物減価償却累計額	△70,000	流動負債	
長期貸付金	20,000	賞与等引当金	15,000
流動資産		負債合計	433,000
現金預金	500,000	【純資産の部】	
		固定資産等形成分	450,000
		余剰分（不足分）	67,000
		純資産合計	517,000
資産合計	950,000	負債及び純資産合計	950,000

一致する

資金収支計算書より　　純資産変動計算書より

Ⅳ 総合問題

行政コスト計算書

科　目	金　額
経常費用	
業務費用	
職員給与費	480,000
賞与等引当金繰入額	15,000
退職手当引当金繰入額	18,000
物件費	300,000
維持補修費	50,000
減価償却費	20,000
経常収益	
使用料及び手数料	200,000
純経常行政コスト	△683,000
純行政コスト	△683,000

→ 純資産変動計算書へ

第3章 練習してみよう！

純資産変動計算書

科　目	合　計	固定資産等形成分	余剰分（不足分）
前年度末純資産残高	100,000	250,000	△150,000
純行政コスト（△）	△683,000		△683,000
財源	1,100,000		1,100,000
税収等	1,000,000		1,000,000
国県等補助金	100,000		100,000
本年度差額	417,000		417,000
固定資産等の変動（内部変動）		200,000	△200,000
有形固定資産等の増加		200,000	△200,000
有形固定資産等の減少		△20,000	20,000
貸付金・基金等の増加		20,000	△20,000
本年度純資産変動額	417,000	200,000	217,000
本年度末純資産残高	517,000	450,000	67,000

↓ 貸借対照表へ

← 行政コスト計算書より

資金収支計算書

科　目	金　額
【業務活動収支】	
業務支出	
業務費用支出	
人件費支出	480,000
物件費等支出	350,000
業務収入	
税収等収入	1,000,000
使用料及び手数料収入	200,000
業務活動収支	370,000
【投資活動収支】	
投資活動支出	
公共施設等整備費支出	200,000
貸付金支出	20,000
投資活動収入	
国県等補助金収入	100,000
投資活動収支	△120,000
【財務活動収支】	
財務活動収入	
地方債発行収入	100,000
財務活動収支	100,000
本年度資金収支額	350,000 ── A
前年度末資金残高	150,000 ── B
本年度末資金残高	500,000

貸借対照表へ

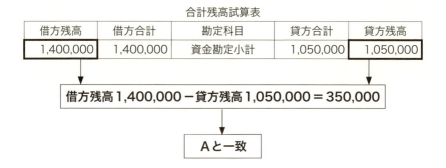

　以上から、各取引から財務書類4表の作成の流れが理解できただろうか。

　合計残高試算表から各財務書類への転記は慣れないと難しい。パズルのごとく、わかる範囲から転記していただいても構わないが、基本的な考え方として、財務書類4表の相互関係は理解していただきたい。

　後は慣れるだけである。

　これまで学んだことの中には理解が難しい部分もあったかもしれないが、わからない部分は後回しで構わない。わかる部分から慣れることで、徐々に理解が深まっていくはずである。

　そうするうちに皆さんはいつの間にか、財務書類のどこに何が書かれているかを理解できるようになり、そして、皆さんが今後作る仕訳が財務書類にどのように反映されていくかを体感するはずである。

　その財務書類が自治体の状況を適正に表すとても大切な情報とし

て、外部に開示されていく。

　皆さんが作る仕訳は、とても重要なのである。

　さらに複式簿記の知識を深めたい方は、より専門的な本もお読みいただき、皆さんの業務の向上につなげていただければ幸いである。

参考資料

Appendix

以下で掲載する資料は、総務省「統一的な基準による地方公会計マニュアル/財務書類作成要領」(平成28年5月改訂)別表及び様式を基に執筆者が一部加筆修正したものである。

1. 勘定科目表

（貸借対照表科目）

連番	財務書類	階層	勘定科目名
1	BS	1	資産合計
2	BS	2	固定資産
3	BS	3	有形固定資産
4	BS	4	事業用資産
5	BS	5	土地
6	BS	5	立木竹
7	BS	5	建物
8	BS	5	建物減価償却累計額
9	BS	5	工作物
10	BS	5	工作物減価償却累計額
11	BS	5	船舶
12	BS	5	船舶減価償却累計額
13	BS	5	浮標等
14	BS	5	浮標等減価償却累計額
15	BS	5	航空機
16	BS	5	航空機減価償却累計額
17	BS	5	その他
18	BS	5	その他減価償却累計額
19	BS	5	建設仮勘定
20	BS	4	インフラ資産
21	BS	5	土地
22	BS	5	建物
23	BS	5	建物減価償却累計額
24	BS	5	工作物
25	BS	5	工作物減価償却累計額
26	BS	5	その他
27	BS	5	その他減価償却累計額
28	BS	5	建物仮勘定
29	BS	4	物品
30	BS	4	物品減価償却累計額
31	BS	3	無形固定資産
32	BS	4	ソフトウェア
33	BS	4	その他
34	BS	3	投資その他の資産
35	BS	4	投資及び出資金
36	BS	5	有価証券
37	BS	5	出資金
38	BS	5	その他
39	BS	4	投資損失引当金
40	BS	4	長期延滞債権
41	BS	4	長期貸付金
42	BS	4	基金
43	BS	5	減債基金
44	BS	5	その他
45	BS	4	その他
46	BS	4	徴収不能引当金
47	BS	2	流動資産
48	BS	3	現金預金
49	BS	3	未収金
50	BS	3	短期貸付金
51	BS	3	基金
52	BS	4	財政調整基金
53	BS	4	減債基金
54	BS	3	棚卸資産
55	BS	3	その他
56	BS	3	徴収不能引当金
57	BS	1	負債・純資産合計
58	BS	2	負債合計
59	BS	3	固定負債
60	BS	4	地方債
61	BS	4	長期未払金
62	BS	4	退職手当引当金
63	BS	4	損失補償等引当金
64	BS	4	その他
65	BS	3	流動負債
66	BS	4	1年内償還予定地方債

1. 勘定科目表

連番	財務書類	階層	勘定科目名
67	BS	4	未払金
68	BS	4	未払費用
69	BS	4	前受金
70	BS	4	前受収益
71	BS	4	賞与等引当金

連番	財務書類	階層	勘定科目名
72	BS	4	預り金
73	BS	4	その他
74	BS	2	純資産合計
75	BS	3	固定資産等形成分
76	BS	3	余剰分（不足分）

（行政コスト計算書科目）

連番	財務書類	階層	勘定科目名
77	PL	1	純経常行政コスト
78	PL	2	経常費用
79	PL	3	業務費用
80	PL	4	人件費
81	PL	5	職員給与費
82	PL	5	賞与等引当金繰入額
83	PL	5	退職手当引当金繰入額
84	PL	5	その他
85	PL	4	物件費等
86	PL	5	物件費
87	PL	5	維持補修費
88	PL	5	減価償却費
89	PL	5	その他
90	PL	4	その他の業務費用
91	PL	5	支払利息
92	PL	5	徴収不能引当金繰入額
93	PL	5	その他
94	PL	3	移転費用

連番	財務書類	階層	勘定科目名
95	PL	4	補助金等
96	PL	4	社会保障給付
97	PL	4	他会計への繰出金
98	PL	4	その他
99	PL	2	経常収益
100	PL	3	使用料及び手数料
101	PL	3	その他
102	PL	1	純行政コスト
103	PL	2	臨時損失
104	PL	3	災害復旧事業費
105	PL	3	資産除売却損
106	PL	3	投資損失引当金繰入額
107	PL	3	損失補償等引当金繰入額
108	PL	3	その他
109	PL	2	臨時利益
110	PL	3	資産売却益
111	PL	3	その他

（純資産変動計算書科目）

連番	財務書類	階層	勘定科目名
112	NW	1	前年度末純資産残高
113	NW	2	純行政コスト（△）
114	NW	2	財源
115	NW	3	税収等

連番	財務書類	階層	勘定科目名
116	NW	3	国県等補助金
117	NW	2	本年度差額
118	NW	2	固定資産の変動（内部変動）
119	NW	3	有形固定資産等の増加

参考資料

連番	財務書類	階層	勘定科目名
120	NW	3	有形固定資産等の減少
121	NW	3	貸付金・基金等の増加
122	NW	3	貸付金・基金等の減少
123	NW	2	資産評価差額

連番	財務書類	階層	勘定科目名
124	NW	2	無償所管換等
125	NW	2	その他
126	NW	2	本年度純資産変動額
127	NW	1	本年度末純資産残高

(資金収支計算書科目)

連番	財務書類	階層	勘定科目名
128	CF	1	業務活動収支
129	CF	2	業務支出
130	CF	3	業務費用支出
131	CF	4	人件費支出
132	CF	4	物件費等支出
133	CF	4	支払利息支出
134	CF	4	その他の支出
135	CF	3	移転費用支出
136	CF	4	補助金等支出
137	CF	4	社会保障給付支出
138	CF	4	他会計への繰出支出
139	CF	4	その他の支出
140	CF	2	業務収入
141	CF	3	税収等収入
142	CF	3	国県等補助金収入
143	CF	3	使用料及び手数料収入
144	CF	3	その他の収入
145	CF	2	臨時支出
146	CF	3	災害復旧事業費支出
147	CF	3	その他の支出
148	CF	2	臨時収入
149	CF	1	投資活動収支
150	CF	2	投資活動支出
151	CF	3	公共施設等整備費支出

連番	財務書類	階層	勘定科目名
152	CF	3	基金積立金支出
153	CF	3	投資及び出資金支出
154	CF	3	貸付金支出
155	CF	3	その他の支出
156	CF	2	投資活動収入
157	CF	3	国県等補助金収入
158	CF	3	基金取崩収入
159	CF	3	貸付金元金回収収入
160	CF	3	資産売却収入
161	CF	3	その他の収入
162	CF	1	財務活動収支
163	CF	2	財務活動支出
164	CF	3	地方債償還支出
165	CF	3	その他の支出
166	CF	2	財務活動収入
167	CF	3	地方債発行収入
168	CF	3	その他の収入
169	CF	1	本年度資金収支額
170	CF	1	前年度末資金残高
171	CF	1	本年度末資金残高
172	CF	1	前年度末歳計外現金残高
173	CF	1	本年度歳計外現金増減額
174	CF	1	本年度末歳計外現金残高
175	CF	1	本年度末現金預金残高

2. 資金仕訳変換表

予算科目名「※」印を付したものについては、複数の仕訳が発生するため〈2-3 歳入科目（仕訳複数例）〉及び〈2-4 歳出科目（仕訳複数例）〉を参照されたい。

2-1 歳入科目（特定）

予算科目名	借方		貸方	
	財書	勘定科目名	財書	勘定科目名
1. 都道府県税、市町村税	CF	税収等収入	NW	税収等
2. 地方消費税精算金	CF	税収等収入	NW	税収等
3. 地方譲与税	CF	税収等収入	NW	税収等
4. 税交付金				
利子割交付金	CF	税収等収入	NW	税収等
配当割交付金	CF	税収等収入	NW	税収等
株式等譲渡所得割交付金	CF	税収等収入	NW	税収等
地方消費税交付金	CF	税収等収入	NW	税収等
自動車取得税交付金	CF	税収等収入	NW	税収等
市町村たばこ税	CF	税収等収入	NW	税収等
都道府県交付金	CF	税収等収入	NW	税収等
ゴルフ場利用税交付金	CF	税収等収入	NW	税収等
軽油引取税交付金	CF	税収等収入	NW	税収等
国有提供施設等所在地市町村助成交付金	CF	税収等収入	NW	税収等
5. 地方特例交付金	CF	税収等収入	NW	税収等
6. 地方交付税	CF	税収等収入	NW	税収等
7. 交通安全対策特別交付金	CF	税収等収入	NW	税収等
8. 分担金及び負担金	CF	税収等収入	NW	税収等
9. 使用料及び手数料	CF	使用料及び手数料収入	PL	使用料及び手数料
10. 国庫支出金※				
11. 都道府県支出金※				
12. 財産収入				
財産貸付収入	CF	その他の収入（業務収入）	PL	その他（経常収益）
利子及び配当金	CF	その他の収入（業務収入）	PL	その他（経常収益）
財産（不動産・物品）売払収入※				
生産物売払収入※				
13. 寄附金	CF	税収等収入	NW	税収等
14. 繰入金				
特別会計繰入金	CF	税収等収入	NW	税収等
基金繰入金※				
財産区繰入金	CF	税収等収入	NW	税収等
15. 繰越金	【仕訳不要】			
16. 諸収入				
延滞金、加算金及び過料等	CF	その他の収入（業務収入）	PL	その他（経常収益）
都道府県・市町村預金利子	CF	その他の収入（業務収入）	PL	その他（経常収益）
貸付金元利収入※				
受託事業収入	CF	その他の収入（業務収入）	PL	その他（経常収益）
収益事業収入	CF	その他の収入（業務収入）	PL	その他（経常収益）
利子割精算金収入	CF	税収等収入	NW	税収等
借入金	CF	その他の収入(財務活動収入)	BS	その他（固定負債）
雑入	CF	その他の収入（業務収入）	PL	その他（経常収益）

参考資料

17.地方債		CF	地方債発行収入	BS	地方債
（特別会計に固有の科目）					
国民健康保険料		CF	税収等収入	NW	税収等
国民健康保険税		CF	税収等収入	NW	税収等
介護保険料		CF	税収等収入	NW	税収等
療養給付費等交付金		CF	税収等収入	NW	税収等
連合会支出金		CF	税収等収入	NW	税収等
共同事業交付金		CF	税収等収入	NW	税収等
支払基金交付金		CF	税収等収入	NW	税収等
共済掛金及び交付金		CF	その他の収入（業務収入）	PL	その他（経常収益）
保険金		CF	その他の収入（業務収入）	PL	その他（経常収益）
連合会特別交付金		CF	その他の収入（業務収入）	PL	その他（経常収益）
保険金及び診療補填金		CF	その他の収入（業務収入）	PL	その他（経常収益）
診療収入		CF	その他の収入（業務収入）	PL	その他（経常収益）
賦課金		CF	その他の収入（業務収入）	PL	その他（経常収益）

2-2　歳出科目（特定）

予算科目名		借方		貸方	
		財書	勘定科目名	財書	勘定科目名
1.報酬		PL	その他（人件費）	CF	人件費支出
2.給料		PL	職員給与費	CF	人件費支出
3.職員手当等※					
4.共済費		PL	職員給与費	CF	人件費支出
5.災害補償費		PL	職員給与費	CF	人件費支出
6.恩給及び退職年金		PL	その他（人件費）	CF	人件費支出
7.賃金		PL	物件費（人件費に計上されるものを除く）	CF	物件費等支出
8.報償費		PL	物件費	CF	物件費等支出
9.旅費		PL	物件費	CF	物件費等支出
10.交際費		PL	物件費	CF	物件費等支出
11.需用費					
	消耗品費	PL	物件費	CF	物件費等支出
	燃料費	PL	物件費	CF	物件費等支出
	食糧費	PL	物件費	CF	物件費等支出
	印刷製本費	PL	物件費	CF	物件費等支出
	光熱水費	PL	物件費	CF	物件費等支出
	修繕料	PL	物件費（家屋等の修繕で維持補修費に計上されるものを除く）	CF	物件費等支出
	賄材料費	PL	物件費	CF	物件費等支出
	飼料費	PL	物件費	CF	物件費等支出
	医薬材料費	PL	物件費	CF	物件費等支出
12.役務費					
	通信運搬費	PL	物件費	CF	物件費等支出
	保管料	PL	物件費	CF	物件費等支出
	広告費	PL	物件費	CF	物件費等支出
	手数料	PL	物件費	CF	物件費等支出
	筆耕翻訳料	PL	物件費	CF	物件費等支出
	火災保険料	PL	その他（その他の業務費用）	CF	物件費等支出

2. 資金仕訳変換表

自動車損害保険料	PL	その他（物件費等）	CF	物件費等支出		
13.委託料※						
14.使用料及び賃借料	PL	物件費	CF	物件費等支出		
15.工事請負費※						
16.原材料費	PL	維持補修費（物件費に計上されるものを除く）	CF	物件費等支出		
17.公有財産購入費※						
18.備品購入費※						
19.負担金、補助及び交付金	PL	補助金等	CF	補助金等支出		
20.扶助費	PL	社会保障給付	CF	社会保障給付支出		
21.貸付金※						
22.補償、補填及び賠償金	PL	その他（移転費用）	CF	その他の支出(移転費用支出)		
23.償還金、利子及び割引料※						
24.投資及び出資金※						
25.積立金						
26.寄附金	PL	その他（移転費用）	CF	その他の支出(移転費用支出)		
27.公課費	PL	その他（移転費用）	CF	その他の支出(移転費用支出)		
28.繰出金※						

2-3 歳入科目（仕訳複数例）

歳入科目だけから勘定科目が特定できないときは、次の例を参考に、取引内容を検討し、科目及び金額を特定して仕訳する。

予算科目・ケース	借方		貸方	
	財書	勘定科目名	財書	勘定科目名
国庫支出金	業務活動支出の財源に充当したものか投資活動支出の財源に支出したものかを特定する。			
	CF	国県等補助金収入(業務収入)	NW	国県等補助金
	CF	国県等補助金収入(臨時収入)	NW	国県等補助金
	CF	国県等補助金収入（投資活動収入）	NW	国県等補助金
都道府県支出金	業務活動支出の財源に充当したものか投資活動支出の財源に支出したものかを特定する。			
	CF	国県等補助金収入(業務収入)	NW	国県等補助金
	CF	国県等補助金収入(臨時収入)	NW	国県等補助金
	CF	国県等補助金収入（投資活動収入）	NW	国県等補助金
財産（不動産・物品）売払収入	1.売却物が台帳記載の固定資産か否かを調査する。 2.売却物が固定資産の場合は、その科目を特定する。 3.資産売却において、簿価に対して売却損益が生じたときは、更に《3-1 整理仕訳》の仕訳を行う。			
（固定資産）	CF	資産売却収入	BS	土地
	CF	資産売却収入	BS	建物
	CF	資産売却収入	BS	立木竹
	CF	資産売却収入	BS	工作物
	CF	資産売却収入	BS	船舶
	CF	資産売却収入	BS	浮標等
	CF	資産売却収入	BS	航空機
	CF	資産売却収入	BS	その他（事業用資産・インフラ資産）

参考資料

		借方		貸方	
		財書	勘定科目名	財書	勘定科目名
（固定資産以外）		CF	資産売却収入	BS	物品
		CF	資産売却収入	BS	ソフトウェア
		CF	資産売却収入	BS	その他（無形固定資産）
		CF	資産売却収入	PL	資産売却益（臨時利益）
（有価証券売却収入）		売却において、売却損益が生じたときは、更に《3–1 整理仕訳》の仕訳を行う。			
		CF	資産売却収入	BS	有価証券
生産物売払収入		1.売払物が、台帳記載の棚卸資産である場合は、以下の仕訳を行う。 2.棚卸資産の売却において、当該棚卸資産の簿価に対する売却損益が生じたときは、更に《3–1 整理仕訳》の仕訳を行う。			
		CF	資産売却収入	BS	棚卸資産
基金繰入金		取り崩した基金の科目を特定する。			
基金等の取崩しのとき		CF	基金取崩収入	BS	財政調整基金
		CF	基金取崩収入	BS	減債基金（流動資産・固定資産）
		CF	基金取崩収入	BS	その他（基金）
貸付金元利収入		1.長期貸付金と短期貸付金とに分け、更に元本額と利息額を分ける。 2.利息分については、PLの収益として処理する。 3.償還金に元金と利息が混在している場合は、当初は総額で仕訳しておき、整理仕訳において、利息額分を収益に振り替えてもよい（《3–1 整理仕訳》参照）。			
（長期貸付金元本額償還）		CF	貸付金元金回収収入	BS	長期貸付金
（短期貸付金元本額償還）		CF	貸付金元金回収収入	BS	短期貸付金
（利息額）		CF	その他の収入（業務収入）	PL	その他（経常収益）
（償　還　金）		償還された資産の科目を特定する。			
		CF	その他の収入(投資活動収入)	BS	出資金
		CF	貸付金元金回収収入	BS	その他（投資及び出資金）
		CF	その他の収入(投資活動収入)	BS	その他（投資及び出資金）

2–4 歳出科目（仕訳複数例）

歳出科目から勘定科目を特定することができないときは、次の例を参考に、取引内容を検討のうえ、科目及び金額を特定して仕訳を行う。

予算科目・ケース	借方		貸方	
	財書	勘定科目名	財書	勘定科目名
職員手当等	賞与等引当金を充当して支払った部分につき、《3–1 整理仕訳》の仕訳を行う。			
	PL	職員給与費	CF	人件費支出
委託料	1.工事の設計委託、ソフトウェアの開発委託等、資産形成支出が混在している可能性があるので、これを抽出し、資産については、建設仮勘定、ソフトウェア等、科目を特定する。 2.自己資産の形成につながらない支出は経費とし、借方PLとする。			
（例）ソフトウェア開発支出	BS	ソフトウェア	CF	公共施設等整備費支出
（例）インフラ資産（建設仮勘定）	BS	建設仮勘定(インフラ資産)	CF	公共施設等整備費支出
（例）資産形成以外（事務委託等）	PL	物件費	CF	物件費等支出

2. 資金仕訳変換表

工事請負費			1.資産形成支出と費用が混在している可能性があるので、これを分け、資産については、建物、建設仮勘定等、科目を特定する。 2.資産形成につながらない収益的支出は、PL維持修繕費として処理する。			
（例）事業用建物工事			BS	建物（事業用資産）	CF	公共施設等整備費支出
（例）インフラ資産（建物）			BS	建物（インフラ資産）	CF	公共施設等整備費支出
（例）維持補修支出			PL	維持補修費	CF	物件費等支出
公有財産購入費			1.インフラ資産や事業用資産の科目を特定する。 2.なお、資産算入範囲外の経費支出が混在するときは、そのPL科目を特定する。			
（例）建物			BS	建物	CF	公共施設等整備費支出
（例）土地			BS	土地	CF	公共施設等整備費支出
資産形成に繋がらない支出			PL	科目を特定する。例えば物件費。	CF	物件費等支出
備品購入費			資産形成支出（原則として50万円以上）と、消耗品費支出が混在している可能性があるので、これを分け、資産については科目を特定する。			
（例）物品の購入（50万円以上）			BS	物品	CF	公共施設等整備費支出
50万円未満の物の購入			PL	物件費	CF	物件費等支出
貸付金			1.長期貸付金と短期貸付金とに分け、更に貸付に要する事務費用があれば、これを別途に抽出する。 2.短期貸付金については、純資産上は財源区分内部の振替とみなし、あらためて財源仕訳は行わない。 3.貸付に付随する事務費用はPLで処理する。			
長期貸付金			BS	長期貸付金	CF	貸付金支出
短期貸付金			BS	短期貸付金	CF	貸付金支出
貸付費用			PL	その他（その他の業務費用）	CF	その他の支出（業務費用支出）
償還金、利子及び割引料			償還金元本については、債務残高が減少する科目を特定し、また、利子・割引料等はPLで処理する。			
1年内償還予定地方債元本償還			BS	1年内償還予定地方債	CF	地方債償還支出
短期借入金元本償還			BS	その他（流動負債）	CF	その他の支出（財務活動支出）
地方債元本償還			BS	地方債	CF	地方債償還支出
長期借入金元本償還			BS	その他（固定負債）	CF	その他の支出（財務活動支出）
地方債利子支払			PL	支払利息	CF	支払利息支出
借入金利子支払			PL	支払利息	CF	支払利息支出
過年度分過誤納還付			PL	その他（その他の業務費用）	CF	その他の支出（業務費用支出）
投資及び出資金			投資等の科目を特定する。			
有価証券購入			BS	有価証券	CF	投資及び出資金支出
出資			BS	出資金	CF	投資及び出資金支出
その他の投資			BS	その他（投資及び出資金）	CF	投資及び出資金支出
積立金			積立金等の科目を特定する。			
財政調整基金			BS	財政調整基金	CF	基金積立金支出
減債基金	（長期）		BS	減債基金（固定資産）	CF	基金積立金支出
	（短期）		BS	減債基金（流動資産）	CF	基金積立金支出
その他の基金・積立金			BS	その他（流動資産）	CF	基金積立金支出
繰出金			繰出金が他会計への経常移転である場合と、基金等の積立である場合に分け、後者については、基金を特定する。			
他会計への経常移転支出			PL	他会計への繰出金	CF	他会計への繰出支出

参考資料

3. 非資金仕訳例

3-1 整理仕訳

本表において「整理仕訳」とは、複数の勘定科目が混在する取引につき、当初、1科目・金額で処理し、後日、その仕訳を正しい科目・金額に修正する振替仕訳をいう。

以下、歳入歳出仕訳において、当初、混在する仕訳を、混在を解出した場合の整理仕訳例を掲載する。ただし、リース資産については、当初から資産分と費用分を分解して仕訳する例と、当初は物件費として仕訳する例の仕訳する例を示す。

No.	ケース		借方			貸方		
			勘定科目名	財書	金額	勘定科目名	財書	金額
1	固定資産売却益	元本額100、売却額120、売却益20。当初売却総額をもって処理していたところ、これを修正						
		当初仕訳	資産売却収入	CF	120	土地	BS	120
		整理仕訳	土地	BS	20	資産売却益	PL	20
2	有価証券及び出資金売却益	元本額100、売却額120、売却益20。当初売却総額をもって処理していたところ、これを修正						
		当初仕訳	資産売却収入	CF	120	有価証券	BS	120
		整理仕訳	有価証券	BS	20	資産売却益	PL	20
3	固定資産売却損	元本額100、売却額70、売却損30。当初売却総額をもって処理していたところ、これを修正						
		当初仕訳	資産売却収入	CF	70	土地	BS	70
		整理仕訳	資産除売却損	PL	30	土地	BS	30
4	有価証券及び出資金売却損	元本額100、売却額70、売却損30。当初売却総額をもって処理していたところ、これを修正						
		当初仕訳	資産売却収入	CF	70	有価証券	BS	70
		整理仕訳	資産除売却損	PL	30	有価証券	BS	30
5	短期貸付元利金混在償還	貸付金償還総額100、うち元金90、利息10。当初償還総額をもって処理していたところ、これを修正						
		当初仕訳	貸付金元金回収収入	CF	100	短期貸付金	BS	100
		整理仕訳	短期貸付金	BS	10	その他の収入(経常収益)	PL	10
			その他の収入(業務収入)	CF	10	貸付金元金回収収入	CF	10
6	退職手当引当金振替	当初、全額職員給与費で処理していたところ、退職手当引当金を取崩して充当						
		当初仕訳	職員給与費	PL	100	人件費支出	CF	100
		整理仕訳	退職手当引当金	BS	100	職員給与費	PL	100
7	賞与等引当金振替	当初、全額職員給与費で処理していたところ、賞与等引当金を取崩して充当						
		当初仕訳	職員給与費	PL	100	人件費支出	CF	100
		整理仕訳	賞与等引当金	BS	100	職員給与費	PL	100

3. 非資金仕訳例

				借方	金額	貸方	金額
8	リース資産 購入見積額 100、5年リース、年間支払額 25（うち購入額相当額 20 利息相当額 5）						
	① 当初から資産と費用分を分解して仕訳する場合						
		取得時		BS 科目を特定する。例えば物品。	100	BS その他（固定負債）	100
		初年度リース料支払 本体分		BS その他（固定負債）	20	CF その他の支出（財務活動支出）	20
		初年度リース料支払 利息分		PL 支払利息	5	CF 支払利息支出	5
		償却	（有形固定資産の場合）	PL 減価償却費	20	BS 有形固定資産の減価償却累計額を特定	20
			（無形固定資産の場合）	PL 減価償却費	20	BS 無形固定資産の科目を特定	20
	② 当初は物件費として仕訳する場合 当初支払額を物件費で処理していたところ、これを修正						
		取得時		BS 科目を特定する。例えば物品。	100	BS その他（固定負債）	100
		当初仕訳		PL 物件費	25	CF 物件費等支出	25
		整理仕訳					
		初年度リース料支払 本体分		BS その他（固定負債）	20	PL 物件費	20
		初年度リース料支払 利息分		PL 支払利息	5	CF 支払利息支出	5
		償却	（有形固定資産の場合）	PL 減価償却費	20	BS 有形固定資産の減価償却累計額を特定	20
			（無形固定資産の場合）	PL 減価償却費	20	BS 無形固定資産の科目を特定	20

参考資料

3-2 未収・未払の仕訳

歳入歳出データのうち、未収金及び未払金に関する仕訳は、次のとおりである。

No.	ケース	借方				貸方		
		財書	勘定科目名	金額	財書	勘定科目名	金額
9	前年度末に未収計上したものの本年度収納					貸方はBS未収金科目として既存の未収金を消込み、借方のCF科目を特定する。	
					CF	科目を特定する。例えば税収等収入。	
10	前年度末に未払金計上したものの本年度支払					貸方のCF科目を特定する。	
		BS	未払金				
11	前年度末に未払費用計上したものの本年度支払					貸方のCF科目を特定する。例えば公共施設等整備費支出。	
		BS	未払費用		CF	科目を特定する。例えば支払利息支出。	
12	本年度末に未収金が発生した場合の処理	1. 現金取引（未済）の場合、借方がBS未収金となる。 2. 過年度未収計上分（再調整分）であって、本年度末においてもなお未収である場合、重複して未収計上しないこと。					
	①税金（例）	BS	未収金		NW	税収等	
	②資産売却収入の未収金（損益が発生しない場合） 固定資産売却 投資その他の資産の譲渡	BS BS	未収金 未収金		BS BS	固定資産の科目を特定 投資その他の資産の科目を特定	
	③資産売却収入の未収金（益が発生した場合）（例） 土地売却例	BS	未収金	元本額100 売却額120 売却益20	BS PL	土地 資産売却益	100 20
	④資産売却収入の未収金（損が発生した場合）（例） 土地売却例	BS PL	未収金 資産除売却損	元本額100 売却額 70 売却損30	BS	土地	100
	⑤その他の収益の未収金	BS科目は未収金であるが、相手科目としてPL収益科目の特定を要する。					
		BS	未収金		PL	PLの収益科目を特定	
13	年度末に未払金が発生した場合の処理 現金取引（未済）の場合、貸方がBS未払金及び費用の特定科目となる。						
	土地（例）	BS	土地		BS	未払金	

3. 非資金仕訳例

3-3 未収金に関する不納欠損の仕訳

徴収不能引当金のうち、未収金について不納欠損決定した額に関する仕訳は、次のとおり行う。

No	ケース	借方		貸方	
		財書	勘定科目名	財書	勘定科目名
14	徴収不能引当金を計上している債権の場合 　　未収金の不納欠損（例）	BS	徴収不能引当金	BS	未収金
15	徴収不能引当金を計上していない債権の場合 　　未収金の不納欠損（例）（業務上行っている債権の場合） 　　　　　　　　　　　（上記以外の債権の場合）	PL PL	その他（その他の業務費用） その他（臨時費用）	BS BS	未収金 未収金

3-4 歳計外資金の仕訳

歳計外現金（例：社会保険料等の預り金）の受入、払出に関する仕訳は次のとおりである。なお、年度末に本年度増減総額をもって処理してもよい。

No	ケース	借方		貸方	
		財書	勘定科目名	財書	勘定科目名
16	歳計外現金の受入	CF	本年度歳計外現金増減額	BS	預り金
17	歳計外現金の払出	BS	預り金	CF	本年度歳計外現金増減額

3-5 歳入歳出データに含まれない非資金仕訳

歳入歳出データに含まれない非資金取引に関する仕訳（例）は、次のとおりである。

No	ケース	借方		貸方	
		財書	勘定科目名	財書	勘定科目名
18	固定資産の無償所管換受入・寄附受入・受贈	BS	固定資産の科目を特定	NW	無償所管換等
19	固定資産が調査によって判明した場合	BS	固定資産の科目を特定	NW	無償所管換等
20	投資その他の資産の無償所管受入・寄附受入・受贈	BS	投資その他の資産の科目を特定	NW	無償所管換等
21	固定資産の除却	PL	資産除売却損	BS	固定資産の科目を特定
22	固定資産の無償所管替払出・寄附払出	NW	無償所管換等	BS	固定資産の科目を特定
23	棚卸資産への振替	BS	棚卸資産	BS	有形固定資産の科目を特定
24	その他（臨時損失）	PL	その他（臨時損失）	BS	投資その他の資産の科目を特定
25	満期保有目的有価証券以外の債券及び市場価格のある出資金の評価益	BS	投資その他の資産の科目を特定	NW	資産評価差額

No.	内容	NW	資産評価差額		
26	満期保有目的の債券以外の有価証券及び市場価格のある出資金の評価損			BS	投資その他の資産の科目を特定
27	投資損失引当金の計上	PL	投資損失引当金繰入額	BS	投資損失引当金
28	投資損失引当金の取崩し	BS	投資損失引当金	PL	その他（経常収益）
29	市場価格のない投資及び出資金（連結対象団体及び会計に対するもの）の回収不能				
	投資損失引当金を計上している投資その他の資産の場合	BS	投資損失引当金	BS	引当てた投資その他の資産の科目を特定
	投資損失引当金を計上していない投資その他の資産の場合	PL	その他（臨時損失）	BS	投資その他の資産の科目を特定
30	徴収不能引当金の計上	PL	徴収不能引当金繰入額	BS	徴収不能引当金
31	徴収不能引当金の取崩し	BS	徴収不能引当金	PL	その他（経常収益）
32	賞与等引当金の計上	PL	賞与等引当金繰入額	BS	賞与等引当金
33	退職手当引当金の計上	PL	退職手当引当金繰入額	BS	退職手当引当金
34	損失補償等引当金の計上	PL	損失補償等引当金繰入額	BS	損失補償等引当金
35	固定資産から流動資産への振替			BS	短期貸付金
				BS	長期貸付金
36	固定負債から流動負債への振替			BS	地方債
	地方債			BS	1年内償還予定地方債
37	固定資産の減価償却				
	有形固定資産	PL	減価償却費	BS	有形固定資産の減価償却累計額を特定
	無形固定資産	PL	減価償却費	BS	無形固定資産の科目を特定
38	建設仮勘定の本勘定への振替			BS	建物
				BS	建設仮勘定

4. 財務書類4表の様式

貸借対照表

(平成　年　月　日現在)

(単位：　　)

科目	金額	科目	金額
【資産の部】		【負債の部】	
固定資産		固定負債	
有形固定資産		地方債	
事業用資産		長期未払金	
土地		退職手当引当金	
立木竹		損失補償等引当金	
建物		その他	
建物減価償却累計額		流動負債	
工作物		1年内償還予定地方債	
工作物減価償却累計額		未払金	
船舶		未払費用	
船舶減価償却累計額		前受金	
浮標等		前受収益	
浮標等減価償却累計額		賞与等引当金	
航空機		預り金	
航空機減価償却累計額		その他	
その他		負債合計	
その他減価償却累計額		【純資産の部】	
建設仮勘定		固定資産等形成分	
インフラ資産		余剰分（不足分）	
土地			
建物			
建物減価償却累計額			
工作物			
工作物減価償却累計額			
その他			
その他減価償却累計額			
建設仮勘定			
物品			
物品減価償却累計額			
無形固定資産			
ソフトウェア			
その他			
投資その他の資産			
投資及び出資金			
有価証券			
出資金			
その他			
投資損失引当金			
長期延滞債権			
長期貸付金			
基金			
減債基金			
その他			
その他			
徴収不能引当金			
流動資産			
現金預金			
未収金			
短期貸付金			
基金			
財政調整基金			
減債基金			
棚卸資産			
その他			
徴収不能引当金			
資産合計		純資産合計	
		負債及び純資産合計	

参考資料

行政コスト計算書

自　平成　　年　　月　　日
至　平成　　年　　月　　日

（単位：　　）

科目	金額
経常費用	
業務費用	
人件費	
職員給与費	
賞与等引当金繰入額	
退職手当引当金繰入額	
その他	
物件費等	
物件費	
維持補修費	
減価償却費	
その他	
その他の業務費用	
支払利息	
徴収不能引当金繰入額	
その他	
移転費用	
補助金等	
社会保障給付	
他会計への繰出金	
その他	
経常収益	
使用料及び手数料	
その他	
純経常行政コスト	
臨時損失	
災害復旧事業費	
資産除売却損	
投資損失引当金繰入額	
損失補償等引当金繰入額	
その他	
臨時利益	
資産売却益	
その他	
純行政コスト	

4. 財務書類4表の様式

純資産変動計算書

自　平成　　年　　月　　日
至　平成　　年　　月　　日

(単位：　　)

科目	合計	固定資産等形成分	余剰分（不足分）
前年度末純資産残高			
純行政コスト（△）			
財源			
税収等			
国県等補助金			
本年度差額			
固定資産等の変動（内部変動）			
有形固定資産等の増加			
有形固定資産等の減少			
貸付金・基金等の増加			
貸付金・基金等の減少			
資産評価差額			
無償所管換等			
その他			
本年度純資産変動額			
本年度末純資産残高			

資金収支計算書

自 平成　年　月　日
至 平成　年　月　日

（単位：　　）

科目	金額
【業務活動収支】	
業務支出	
業務費用支出	
人件費支出	
物件費等支出	
支払利息支出	
その他の支出	
移転費用支出	
補助金等支出	
社会保障給付支出	
他会計への繰出支出	
その他の支出	
業務収入	
税収等収入	
国県等補助金収入	
使用料及び手数料収入	
その他の収入	
臨時支出	
災害復旧事業費支出	
その他の支出	
臨時収入	
業務活動収支	
【投資活動収支】	
投資活動支出	
公共施設等整備費支出	
基金積立金支出	
投資及び出資金支出	
貸付金支出	
その他の支出	
投資活動収入	
国県等補助金収入	
基金取崩収入	
貸付金元金回収収入	
資産売却収入	
その他の収入	
投資活動収支	
【財務活動収支】	
財務活動支出	
地方債償還支出	
その他の支出	
財務活動収入	
地方債発行収入	
その他の収入	
財務活動収支	
本年度資金収支額	
前年度末資金残高	
本年度末資金残高	

前年度末歳計外現金残高	
本年度歳計外現金増減額	
本年度末歳計外現金残高	
本年度末現金預金残高	

著者紹介

菅原正明公認会計士・税理士事務所

　平成14年開設。自治体向けサービスとして、公会計支援、公営企業会計支援、会計アドバイザリー業務などを手がける。

〈監修〉

菅原　正明（すがはら・まさあき）

　所長、公認会計士、税理士

　監査法人トーマツ大阪事務所を経て平成14年、菅原正明公認会計士・税理士事務所を開設。総務省「今後の新地方公会計の推進に関する研究会」委員や「今後の新地方公会計の推進に関する実務研究会」委員などを務め、統一的な基準づくりに実務家の立場からかかわる。

〈編集・執筆〉

大松　祐介（おおまつ・ゆうすけ）

　公認会計士

　平成10年神戸市役所に入庁し、財政、公営企業の経理、税務事務等に従事。平成26年公認会計士試験合格。平成27年、菅原正明公認会計士・税理士事務所入所。

〈執筆〉

廣兼　亮（ひろかね・りょう）公認会計士
味谷　祐介（みたに・ゆうすけ）公認会計士
上田　美貴（うえだ・みき）　公認会計士

〈参考図書〉

『カラー版　会計のことが面白いほどわかる本〈会計の基本の基本編〉』
　（天野敦之、KADOKAWA、平成24年）
『地方公会計検定教科書3級』
　（地方公会計研究センター・大原学園大原簿記学校、大原出版、平成27年）

図解 地方公会計対応
自治体職員のための複式簿記入門

平成29年3月5日　第1刷発行
令和4年6月8日　第9刷発行

編著　菅原正明公認会計士・税理士事務所
発行　株式会社 ぎょうせい
　　　〒136-8575　東京都江東区新木場1-18-11
　　　URL：https://gyosei.jp

　　　フリーコール　0120-953-431
　　　ぎょうせい　お問い合わせ 検索　https://gyosei.jp/inquiry/

〈検印省略〉

印刷　ぎょうせいデジタル㈱　　　Ⓒ 2017 Printed in Japan
＊乱丁・落丁本はお取り替えいたします。
＊禁無断転載・複製

小さなことからコツコツと
自立・自律した自治体財政運営を強力サポート！
地方財政の総合実務誌

月刊 地方財務

ぎょうせい／編　A5判　毎月5日発売
年間購読料 24,750 円（10%税込・送料込）

より財政実務に特化した誌面へ！

：基礎・基本を大切にします。
：「かゆいところに手が届く」テーマを追求します。
：悩んだときに開くと解決の糸口となることが必ず記されている。期待を裏切らない「役立つ情報」をお届けいたします。
：地域の実情にあった政策立案に寄与するよう、「なぜ」その制度・考え方なのかを考察します。

充実の収録内容

■財政実務の課題解決を後押しする特集・座談会
■総務省自治財政局の協力による制度や法令の解説の数々
■多方面の話題をカバーする充実の実務連載
■別冊付録として、地方債の起債実務に必要不可欠な「地方債実務ハンドブック」を年1回お届けします！

株式会社 ぎょうせい　フリーコール TEL：0120-953-431 [平日9〜17時] FAX：0120-953-495
〒136-8575 東京都江東区新木場1-18-11　https://shop.gyosei.jp　ぎょうせいオンラインショップ 検索